Bouillon de poulet pour l'âme au travail

De Jack Canfield et Mark Victor Hansen
aux Éditions J'ai lu

En édition de poche :

Bouillon de poulet pour l'âme – 80 histoires qui réchauffent le cœur et remontent le moral, *J'ai lu* 7155

Bouillon de poulet pour l'âme - 2 – De nouvelles histoires qui réchauffent le cœur et remontent le moral, *J'ai lu* 7241

Bouillon de poulet pour l'âme de la femme – Des histoires qui réchauffent le cœur et l'âme (*avec Jennifer Read Hawthorne et Marci Shimoff*), *J'ai lu* 7251

Dans la collection Équilibres :

Bouillon de poulet pour l'âme de la femme – Des histoires qui réchauffent le cœur et l'âme (*avec Jennifer Read Hawthorne et Marci Shimoff*)

Bouillon de poulet pour l'âme - 2 – De nouvelles histoires qui réchauffent le cœur et l'âme

Bouillon de poulet pour l'âme au travail – Des histoires de courage, de compassion et de créativité (*avec Maida Rogerson, Martin Rutte et Tim Clauss*)

JACK CANFIELD, MARK VICTOR HANSEN, MAIDA ROGERSON, MARTIN RUTTE & TIM CLAUSS

Bouillon de poulet pour l'âme au travail

Des histoires de courage, de compassion et de créativité

Traduit de l'américain par
Annie Desbiens et Miville Boudreault

J'AI LU

Titre original :
CHICKEN SOUP FOR THE SOUL AT WORK
101 Stories of Courage, Compassion & Creativity
in the Workplace

Dédicace

Que notre travail soit notre joie.

TERTULLIAN

Nous dédions affectueusement ce livre à toutes les âmes qui travaillent avec amour, dévouement et professionnalisme. Nous vous sommes profondément reconnaissants pour votre énergie, votre créativité, votre souci des autres et votre engagement.

Que vous, vos familles et le monde entier se réjouissent de votre exceptionnelle contribution.

Les citations

Pour chacune des citations contenues dans cet ouvrage, nous avons fait une traduction libre de l'anglais au français. Nous pensons avoir réussi à rendre le plus précisément possible l'idée d'origine de chacun des auteurs cités.

Sommaire

Remerciements

Il a fallu plus d'une année pour écrire, compiler et préparer ce *Bouillon de poulet pour l'âme au travail.* Nous y avons mis tout notre cœur. Nous sommes réellement heureux d'avoir travaillé avec des gens qui nous ont donné non seulement leur temps et leurs efforts, mais aussi leur cœur et leur âme. Aussi tenons-nous à remercier les personnes suivantes pour leur dévouement et leur contribution ; sans elles, ce livre n'aurait pu voir le jour.

Nos familles qui, tout au long de ce projet, nous ont soutenus et entourés de leur affection. Elles ont été *notre* bouillon de poulet *à nous*.

Heather McNamara qui a travaillé avec aisance et efficacité à la rédaction et à la préparation du manuscrit final. Nous apprécions énormément ta patience, tes efforts et tes suggestions précieuses. C'est un véritable plaisir de travailler en ta compagnie !

Patty Aubery qui nous a encouragés et inspirés, particulièrement pendant la rédaction finale de ce livre.

Nancy Mitchell qui, avec persévérance et perspicacité, a obtenu les autorisations pour toutes les histoires de ce livre.

Veronica Romero et Julie Knapp qui ont veillé au bon fonctionnement quotidien du bureau de Jack.

Rosalie Miller qui nous a nourris avec sa cuisine et son affection lors des dernières semaines de préparation du manuscrit.

Trudy Klefsted d'Office Works qui a dactylographié pendant la nuit lors des étapes finales de préparation du manuscrit.

Sarah Ann Langston qui a dactylographié plusieurs histoires avec des échéanciers très serrés.

Valerie Santagto qui a fait preuve de créativité et de professionnalisme pour la photographie.

À notre cher ami Douglas Blair qui nous a témoigné affection, encouragements et bienveillance tout au long de la rédaction de ce livre.

Un merci tout spécial aux auteurs des histoires qui nous ont offert une collaboration inspirée. Nous espérons que votre participation à cet ouvrage vous ouvrira des portes sur le plan professionnel et vous permettra de faire entendre davantage votre voix.

Nous exprimons notre reconnaissance aux centaines de personnes qui nous ont fait parvenir des histoires, des poèmes et des citations pour publication dans ce *Bouillon de poulet pour l'âme au travail.* Si nous n'avons pas été en mesure d'utiliser tout le matériel reçu, nous avons été profondément touchés par votre désir sincère d'exprimer ce que vous êtes et de raconter votre histoire à nos lecteurs.

Nous exprimons également notre reconnaissance à toutes les personnes qui ont collaboré aux autres livres de la série *Bouillon de poulet pour l'âme* pour toutes les histoires qu'elles continuent à nous soumettre et pour leur fidélité à ce projet.

Nous tenons également à remercier les personnes suivantes, qui ont lu la toute première version des 160 histoires, qui nous ont aidés à faire une sélection et qui ont fait des commentaires inestimables sur la façon d'améliorer ce livre : Mavis Allred, Missy Alpern, Gina Armijo, Barbara Astrowsky, Shawn Berry, Douglas

Blair, Rick Blake, Mike Blower, Leslie Boardman, Hal Bolton, Linda Bradley, Donna Burke, Mary Clark, Armond et Lorraine Clauss, Patricia Cole, Dr Marlene M. Coleman, Amy Connolly, Sandford Daigle, Ron Delpier, Sander Feinberg, Susan et David Gardin, Fredelle Gudofsky, Douglas Hoover, Nick Kleto, Linda Masterson, Bob et Carolyn McClellan, Wally Michaels, Linda Naiman, Dave Potter, Ross Praskey, Amy Rogerson, John Scherer, Carol Schultz, Michael Shandler, Ellen Sloan, John St. Augustine, Mary Tanton, Joan et Leith Thompson et Roy Trueblood.

Nous remercions également les personnes suivantes, qui nous ont donné un coup de main de dernière minute pour ce livre : Thea Alexander, Richard Barrett, Ken Blanchard, Charles Bower, Don Brown, Stephanie Clarke, Paul et Layne Cutright, Stan Dale, Chris Douglas, Burt Dubin, Nicholas Economou, Warren Farrell, Ann Feyerherm, John E. Foley, Kay Gilley, Scott Gross, Jennifer Hawthorne, Ron Hulnick, Karen Jorgensen, Kimberly Kirberger, Janet Larson, Steven Lawson, Diane Loomans, Dorothy Marcic, Judy Meyering et Diane Montgomery de CareerTrack, Jonathon Moyners, Bryan Murray, Richard Navarrette, Tim Piering, Morton Ritts, Ron Scoastico, Marci Shimoff, Frank Siccone, Robert Siccone, Sue Smink de Pryor Report, Pat Sullivan, Grant Sylvester, Marta Vago, Jonathan Wygant et Elsie F. Zala.

Peter Vegso et Gary Seidler de Health Communications, qui ont cru en ce livre dès le départ et ont permis qu'il parvienne à des millions de lecteurs. Merci Peter et Gary !

Christine Belleris, Matthew Diener et Mark Colucci, nos rédacteurs chez Health Communications, qui ont fait preuve d'une grande générosité pour mener à terme ce projet.

Arielle Ford et Kim Weiss, nos relationnistes, qui ont continué de propager la bonne nouvelle à propos de ce livre.

Dans un projet de cette envergure, il est possible que nous ayons oublié de remercier des personnes qui nous ont aidés à un moment ou à un autre. Sachez que nous nous excusons de cet éventuel oubli et que nous vous remercions du fond du cœur pour votre appui.

Finalement, nous exprimons notre profonde reconnaissance à l'*Esprit* qui nous inspire. Par sa présence dans nos vies, ce travail est devenu un jeu qui exprime à la perfection la véritable nature de notre âme.

Introduction

Un jour, un homme d'affaires prospère se rendit en Inde pour aller travailler durant un mois dans un des refuges de Mère Teresa. Il désirait depuis longtemps rencontrer cette frêle religieuse, mais Mère Teresa étant partie en voyage, il fut reçu auprès d'elle seulement la veille où il devait retourner dans son pays. Lorsqu'il se trouva enfin devant elle, il éclata en sanglots, à son grand étonnement. Il revit toutes ces années qu'il avait passées à s'occuper de sa personne et de ses affaires, et il se sentit épouvantablement chagriné d'avoir mis tant de temps à se montrer généreux de sa personne et de ses ressources. Sans dire un mot, Mère Teresa s'approcha de lui, posa ses mains sur ses épaules et le regarda dans les yeux. « Ne savez-vous pas, dit-elle, que Dieu sait que vous faites de votre mieux. »

Le travail fait partie intégrante de notre vie, qui regorge d'expériences de toutes sortes. En préparant ce livre, nous avons reçu des histoires racontées par des enseignants et des ingénieurs, des menuisiers et des comptables, des artistes, des gestionnaires, des ménagères, des chiropraticiens, bref, par des gens œuvrant dans tous les domaines. Ces histoires nous ont émus car elles témoignent de tout ce que les gens donnent à leur travail : leur cœur, leur âme et leur esprit. Matin après matin, nous nous préparons, souvent en compagnie des autres membres de notre famille, tout aussi occupés que nous, puis nous quittons la maison pour aller passer huit, dix et parfois douze heures à notre lieu de travail, lieu de notre contribution à la société, lieu de notre engagement quotidien.

Chaque jour, le monde du travail évolue et se redéfinit, mais nos besoins fondamentaux restent les mêmes : nous avons besoin d'avoir des rapports véritables avec les autres, de nous accomplir, de savoir que notre travail est utile et apprécié.

Le monde du travail change et nous en observons les signes. Ce renouveau transparaît dans les titres des chapitres : « Le pouvoir de la gratitude » (chapitre 3), un chapitre sur l'énergie positive et vitale que nous pouvons exprimer à travers notre reconnaissance ; « Au service des gens » (chapitre 4), un chapitre sur l'importance de donner ; et « À l'écoute de son cœur » (chapitre 5), un chapitre sur la valeur de l'intuition.

Vous apprécierez les histoires de ce livre pour différentes raisons : parce qu'elles sont agréables à lire, parce qu'elles suscitent la réflexion, parce qu'elles offrent un répit qui réconforte ou divertit, mais, surtout, parce qu'elles vous donneront l'occasion d'échanger avec vos amis et vos collègues. Laissez ces histoires vous toucher : qu'elles vous inspirent, vous fassent rire ou vous bouleversent, partagez-les avec votre entourage.

À l'aube du nouveau millénaire, aidons-nous les uns les autres à faire en sorte que notre travail devienne source d'accomplissement, de valorisation et de partage. Comme Thomas d'Aquin disait : « La vie est sans joie si le labeur est sans joie. »

La lecture de ces histoires vous rappellera la même chose qu'à nous : au fond, nous sommes des âmes au travail – qui aiment, qui grandissent et qui évoluent sans cesse – des âmes « qui font de leur mieux ».

1

Le cœur au travail

Le travail est une manifestation de l'amour.

Khalil GIBRAN

Rien de bon pour l'homme, sinon de manger
et de boire, et de goûter le bonheur
dans son travail.

L'Ecclésiaste 2 : 24

Le gant de Jessie

Un geste de bonté et de compassion est souvent une récompense en soi.

William J. Bennett

Chaque année, je donne plusieurs séminaires de formation en gestion pour Circle K Corporation, une chaîne de dépanneurs. Dans ces séminaires, nous parlons souvent des mesures à prendre pour garder les bons employés, car il s'agit là d'un véritable défi quand on considère l'échelle salariale du secteur des services.

Dans ces séminaires, je pose la question suivante aux participants : « Qu'est-ce qui vous a motivés à garder votre emploi suffisamment longtemps pour devenir gérants ? » Il y a quelque temps, une jeune gérante à qui nous avions posé la question répondit d'une voix presque inaudible : « C'est grâce à un gant de baseball de 19 dollars. »

Cette femme, qui s'appelait Cynthia, raconta aux participants du séminaire qu'elle avait accepté de travailler pour la chaîne de dépanneurs de façon temporaire, en attendant de trouver un meilleur emploi. Après sa deuxième ou troisième journée de travail comme caissière, elle reçut un appel téléphonique de son fils de neuf ans, Jessie. Il avait besoin d'un gant de base-ball pour la petite ligue de son quartier, lui annonça-t-il au téléphone. Cynthia lui expliqua alors qu'à cause de sa situation de chef de famille monoparentale et du budget très serré dont elle disposait, le premier chèque de paie qu'elle allait recevoir serait entièrement destiné à payer les factures. Elle dit donc à Jessie qu'elle lui achèterait un gant de base-ball lorsqu'elle recevrait son deuxième ou troisième chèque de paie.

Lorsque Cynthia arriva au travail le lendemain matin, Patricia, la gérante du dépanneur, demanda à la voir dans la petite pièce qui servait de bureau au fond du magasin. Sur le coup, Cynthia crut qu'elle avait mal fait son travail de la veille ou qu'elle avait oublié certaines tâches. Elle était donc inquiète et soucieuse lorsqu'elle entra dans le bureau de la gérante.

Patricia lui tendit une boîte. « Je vous ai entendue parler à votre fils, hier, dit-elle à Cynthia, et je sais que c'est difficile de faire comprendre certaines choses aux enfants. Dans cette boîte, il y a un gant de base-ball pour Jessie. Il ne comprend peut-être pas que vous ayez à payer les factures avant de pouvoir lui offrir un gant. Vous vous doutez sûrement que nous ne pouvons pas donner aux bons employés comme vous un salaire aussi élevé que nous le voudrions, mais nous tenons à vous garder et je veux que vous sachiez que vous êtes importante pour nous. »

L'attitude attentionnée de cette gérante, son empathie et sa gentillesse prouvent une chose : les gens se rappellent davantage l'attention qu'on leur témoigne au travail que le salaire qu'on leur donne. Voilà une leçon importante pour le prix d'un petit gant de base-ball.

Rick PHILLIPS

La partition

Nul ne peut toucher le cœur des hommes s'il n'éprouve pas la compassion que procure l'amour.

Henry Ward BEECHER

Tout au long de ma carrière dans la vente, je me suis posé bien des questions sur les clients difficiles. Qu'est-ce qui les rend aussi désagréables ? Comment peuvent-ils être aussi peu aimables ? Comment une personne parfaitement rationnelle en arrive-t-elle à manquer à ce point de respect à l'égard des autres ?

Un jour, je vécus une expérience qui m'éclaira sur les raisons possibles de leur comportement. J'étais allée faire un tour au magasin de musique de mon mari. Mon époux était occupé avec un client et nous manquions d'employés. Je fis donc ce que toute bonne épouse aurait fait : j'aidai mon mari à servir les clients.

« Je cherche une partition », me dit un homme ridé. Il portait une casquette défraîchie qui laissait dépasser quelques cheveux épars et grisonnants. « La chanson s'appelle..., dit-il en sortant de la poche de son jean un bout de papier froissé, *Stairway to Heaven*. Avez-vous la partition de cette pièce ? »

Je me dirigeai vers les étagères de partitions et me mis à chercher ce titre. Habituellement, les partitions sont classées par ordre alphabétique. Ce jour-là, toutefois, elles étaient quelque peu mélangées. Je cherchai pendant plusieurs minutes, consciente que l'homme devenait de plus en plus impatient.

« Non, je suis désolée, je ne trouve pas. »

Son dos s'arqua et ses yeux bleus se plissèrent. Presque imperceptiblement, sa femme posa la main sur sa manche comme si elle voulait le retenir. La bouche de l'homme se tordit de colère.

« Eh bien ! Vous m'en direz tant ! Et vous appelez votre commerce un magasin de musique ? Quelle sorte de magasin de musique n'a pas cette partition ? Tous les jeunes connaissent cette chanson ! » lança-t-il furieusement.

« Oui, mais nous ne tenons pas toutes les pièces musicales qui ont été… »

« Oh non ! C'est trop facile de vous confondre en excuses ! »

Maintenant, son épouse lui tirait carrément la manche en lui murmurant quelque chose pour essayer de le calmer, un peu comme le palefrenier qui tente de raisonner un cheval qui a pris le mors aux dents.

L'homme se pencha vers moi en pointant son doigt noueux devant mon visage. « J'imagine que vous ne pouvez pas comprendre, n'est-ce pas ? Vous vous en fichez que mon fils soit mort ! Vous vous en fichez que sa voiture ait heurté un vieil arbre ! Vous vous en fichez que ses amis veuillent jouer sa chanson préférée à ses funérailles ! Il est mort ! Dix-huit ans seulement et il est parti ! »

En disant cela, il brandissait une feuille de papier. Je finis par me rendre compte qu'il s'agissait d'un programme de messe funèbre.

« J'imagine que vous ne pouvez pas comprendre », grogna-t-il. Il pencha la tête. Son épouse posa alors un bras autour de ses épaules et resta près de lui sans dire un mot.

« Je ne peux pas comprendre votre perte, lui dis-je, mais nous avons enterré notre neveu de quatre ans le mois dernier, et je sais à quel point cela fait mal. »

Il releva la tête et me regarda. La colère quitta son visage et il soupira : « C'est injuste, n'est-ce pas ? C'est horriblement injuste. » Pendant un long moment, personne ne parla. L'homme fouilla alors dans sa poche arrière et en sortit un vieux portefeuille. « Aimeriez-vous voir une photo de notre fils ? »

Joanna SLAN

« *Si vous avez besoin de quoi que ce soit...* »

Tout ce qui vient du cœur va droit au cœur.

JEREMIAH BURROUGHS

À cette époque, je travaillais comme consultant dans une brasserie. J'aidais le président et les vice-présidents à formuler et à instaurer leurs nouvelles politiques de gestion. Mon travail était un énorme défi.

À peu près au même moment, ma mère se mourait d'un cancer.

Chaque jour, je faisais ma journée de travail, puis je parcourais 60 kilomètres en voiture pour tenir compagnie à ma mère le soir. C'était épuisant et stressant, mais c'est ce que je voulais faire. Je tenais à continuer de donner le meilleur de moi-même le jour, même si mes soirées étaient très difficiles à vivre.

Par ailleurs, je ne voulais pas embêter le président avec mes soucis personnels, mais je sentais que je devais mettre un de mes collègues de travail au courant de ma situation. J'en parlai donc avec le vice-président aux ressources humaines, et je pris soin de lui demander de garder cela pour lui.

Quelques jours plus tard, le président me fit venir à son bureau. J'étais certain qu'il voulait discuter d'un des nombreux dossiers qui nous occupaient. Lorsque j'entrai dans son bureau, il m'invita à m'asseoir. Il me regarda alors directement dans les yeux et me dit :

« J'ai entendu dire que votre mère est très malade. »

Pris par surprise, j'éclatai en sanglots. Il continua de me regarder, attendit que mes pleurs s'estompent et me dit quelque chose que je n'oublierai jamais :

« Si vous avez besoin de quoi que ce soit… n'hésitez pas. »

Voilà. Non seulement fut-il compréhensif, mais il se montra disposé à la fois à respecter mon chagrin et à m'offrir son soutien. C'est un geste de compassion que je n'ai jamais oublié.

Martin RUTTE

Une journée de travail

Si j'arrive à embellir l'existence d'une seule personne,
Ou à apaiser une seule douleur,
Ou à aider un merle en détresse à retrouver son nid,
Je n'aurai pas vécu en vain.

EMILY DICKINSON

Il fut admis à l'urgence et installé au département de cardiologie : cheveux longs, barbe de plusieurs jours, sale et dangereusement obèse. Sa veste de cuir noir gisait sur la tablette de la civière. Cet homme était visiblement un marginal dans cet hôpital où les planchers de terrazzo brillaient, où les membres du personnel en uniforme s'affairaient comme des abeilles et où on prenait toutes les mesures possibles pour prévenir la propagation des infections. Cet homme était un intouchable, aucun doute là-dessus.

Les infirmières du poste posèrent un regard ahuri sur ce monceau humain qu'on transportait en civière, puis jetèrent un œil anxieux sur Bonnie, l'infirmière en chef, comme pour lui dire : « Ne me confie pas la tâche d'admettre ce patient, de le baigner et de le soigner… ».

L'une des qualités d'un leader, d'un professionnel aguerri, c'est d'être capable de faire l'impensable. De s'attaquer à l'impossible. De toucher l'intouchable. On entendit la voix de Bonnie : « Je m'occuperai moi-même de ce patient. » Voilà une chose tout à fait inhabituelle pour une infirmière en chef, une chose qui sort de l'ordinaire mais dont l'âme sort grandie, apaisée, ennoblie.

Pendant qu'elle mettait des gants de latex et qu'elle se préparait à faire la toilette de cet homme immense qui ne s'était pas lavé depuis longtemps, elle eut le cœur brisé. Où était la famille de cet homme ? Qui était sa mère ? Quelle sorte de petit garçon avait-il été ? Elle fredonna doucement en faisant son travail. Cela sembla atténuer la peur et l'embarras qu'elle devinait chez lui.

Bonnie se mit alors à lui parler : « Nous n'avons guère le temps de masser le dos des patients dans les hôpitaux ces temps-ci, mais je parie que ça vous ferait grand bien. Ça vous aidera aussi à détendre vos muscles et à commencer à guérir. Après tout, nous sommes dans un endroit qui sert justement à cela : guérir. »

La peau rougeâtre, squameuse et épaissie de l'intouchable en disait long sur son mode de vie : l'homme avait probablement eu de mauvaises habitudes alimentaires, consommé trop d'alcool et pris beaucoup de drogues. Pendant qu'elle massait les muscles tendus de son patient, Bonnie fredonnait et priait. Elle priait pour l'âme du petit garçon qui était devenu cet homme, que la rudesse de la vie avait rejeté et qui cherchait désespérément à se faire accepter dans un monde dur et hostile.

Pour terminer son massage, elle appliqua une lotion tiède et de la poudre pour bébé. Cette délicate attention sur un corps aussi fruste frôlait le ridicule. Cependant, lorsque l'homme se retourna sur le dos, il pleurait. Son menton tremblait. Il posa de beaux yeux bruns sur Bonnie, lui sourit et lui dit d'une voix tremblante :

« Personne ne m'a touché depuis des années. Merci. Je commence à guérir. »

Naomi RHODE

J'ai entendu une petite voix

Il faut beaucoup de courage pour rester fidèle à nos vérités.

Sara E. ANDERSON

Je prenais soin d'un homme d'une trentaine d'années qui allait bientôt mourir. Ses parents étaient venus de loin pour passer le plus de temps possible avec leur fils à l'hôpital. Après être restés à son chevet durant plusieurs heures, ils avaient pris une pause pour aller souper.

Pendant leur absence, le jeune homme mourut. Les parents étaient dévastés, surtout la mère. Non seulement son fils venait-il de mourir, mais il était mort durant l'absence de ses parents. Visiblement bouleversée, elle posa la tête sur la poitrine de son fils et pleura.

J'étais debout près d'elle lorsque j'entendis une petite voix qui me disait : *Suggère-lui d'aller sur le lit et d'enlacer son fils.* Mais ma raison s'y opposait. *Comment puis-je lui faire une telle suggestion ? Et si quelqu'un les voyait ? Qu'est-ce que les gens allaient penser ?*

J'essayai d'ignorer la voix en espérant qu'elle disparaisse. Elle persista. Quelques secondes plus tard, la voix se fit plus forte et plus insistante : *Elle a besoin d'être tout près de son fils et de le prendre dans ses bras !*

« Aimeriez-vous monter sur le lit et le prendre dans vos bras ? » m'entendis-je proposer à la mère. Elle sauta littéralement sur le lit. Je demeurai près d'elle pendant qu'elle tenait son fils dans ses bras ; elle caressa son visage, lui parla et lui fredonna une chanson.

Ce moment que je passai avec cette mère et son fils est l'un des plus extraordinaires de ma vie. Je me sens privilégiée d'avoir été avec elle pendant qu'elle disait adieu à son fils.

Anne WALTON

Puissiez-vous avoir le bonheur d'aimer
ce que vous faites.

RUMI

L'œuvre de toute une vie

Lorsque l'épouse de cet homme mourut, la benjamine n'avait que deux ans. Le couple avait eu six autres enfants : trois garçons et trois filles, âgés entre 4 et 16 ans.

Quelques jours après être devenu veuf, l'homme reçut la visite de ses parents et de ses beaux-parents.

« Nous avons discuté de ta situation, lui dirent-ils. Nous ne voyons pas comment tu pourrais à la fois prendre soin de tous ces enfants et travailler pour assurer le gagne-pain. Nous avons donc pris des arrangements pour que chaque enfant aille vivre chez un oncle ou une tante. Nous nous sommes assurés que tous tes enfants restent ici, dans les environs, afin que tu puisses les voir quand tu veux.

— Vous ne savez pas à quel point j'apprécie votre prévenance », répondit l'homme. Puis il ajouta, le sourire aux lèvres : « Mais je veux que vous sachiez que si les enfants venaient à m'empêcher de travailler ou si nous avions besoin d'aide, vous serez les premiers à le savoir. »

Au cours des semaines qui suivirent, l'homme travailla avec ses enfants, assignant à chacun des tâches et des responsabilités. Les deux filles aînées, âgées de 12 et 10 ans, se mirent à préparer les repas, à faire la lessive et le ménage. Quant aux deux garçons les plus vieux, âgés de 16 et 14 ans, ils aidèrent leur père sur la ferme.

Malheureusement, un nouveau malheur frappa cette famille. L'homme commença à souffrir d'arthrite. Ses mains enflèrent à un point tel qu'il devint incapable de tenir le manche de ses outils de ferme. Les enfants firent de leur mieux pour prendre le relais, mais l'homme savait que la situation ne pouvait pas durer. Il vendit son équipement agricole, déménagea dans un village avec ses enfants et ouvrit un petit commerce.

La famille reçut un bon accueil du voisinage. Le commerce de l'homme prospéra. Il éprouvait beaucoup de plaisir à travailler avec les gens et à les servir. Grâce à son amabilité et à son bon service à la clientèle, sa réputation commença à s'étendre. On venait de loin pour faire des affaires avec lui. Quant à ses enfants, ils l'aidaient tant à la maison qu'à son commerce. Le plaisir que leur père retirait de son nouveau travail était pour eux une source de satisfaction ; de son côté, le père était content de la débrouillardise de ses enfants.

Les sept enfants grandirent et six se marièrent. Cinq d'entre eux allèrent à l'université, la plupart après s'être mariés, et chacun se débrouilla pour payer ses études. Le père tirait une grande fierté de la réussite scolaire de ses enfants, lui qui n'avait fait que son école primaire.

Puis arrivèrent les petits-enfants. Personne n'était aussi heureux que lui d'avoir des petits-enfants. Dès que ses petits-enfants commençaient à marcher, il les invitait à son commerce ou à sa petite maison. Chacun était une source de bonheur pour l'autre.

Un jour, la benjamine – celle qui n'avait que deux ans à la mort de sa mère – se maria.

Et l'homme, son travail enfin terminé, mourut.

Cet homme s'était donné pour mission d'élever sa famille, une œuvre solitaire mais pleine de joie. Cet homme, c'était mon père. J'étais celui qui avait 16 ans à l'époque, l'aîné des sept.

Wyverne FLATT

Pour l'amour de mon père

L'amour triomphe de tout ; laissons-le nous conquérir.

VIRGILE

Avant ce jour de l'Action de grâce 1990, je n'avais jamais considéré mon père comme une personne très expansive, et il ne l'était effectivement pas, du moins en ma présence. Même s'il avait 68 ans et faisait 1,70 mètre alors que je mesurais 1,80 mètre et pesais 120 kg, mon père m'apparaissait comme un géant. Il avait toujours été pour moi ce fervent adepte de la discipline, plutôt avare de sourires.

Mon père ne me disait jamais qu'il m'aimait quand j'étais enfant, mais je ne lui en tenais pas rigueur. En fait, tout ce que je voulais, c'était qu'il soit fier de moi. Et comme ma mère m'inondait quotidiennement de mots tendres, je ne me souciais guère de ne pas les entendre de la bouche de mon père.

J'imagine qu'au plus profond de mon être, je savais qu'il m'aimait en dépit de son silence. Maintenant que j'y pense, je crois ne jamais lui avoir dit que je l'aimais. Je me suis toutefois préoccupé de cette question le jour où je fis face à la réalité de la mort.

Le 9 novembre 1990, je reçus le message que mon unité de la Garde nationale était activée pour l'opération Bouclier du désert. Nous devions nous rendre à Fort Ben Harrison, en Indiana, puis directement en Arabie Saoudite. J'étais membre de la Garde nationale depuis dix ans et jamais je n'aurais cru que nous serions mis en service pour une guerre, même si je savais pertinemment que nous nous entraînions à cette fin.

J'allai voir mon père pour lui annoncer la nouvelle. Je pus sentir son malaise à l'idée de me voir partir. Cependant, nous n'en parlâmes pas beaucoup et huit jours plus tard, j'étais en route.

Plusieurs membres de ma parenté ont servi sous les drapeaux en temps de guerre. Mon père et mon oncle ont participé à la Seconde Guerre mondiale, et deux de mes frères ainsi qu'une de mes sœurs ont servi pendant la guerre du Viêt-nam. Même si l'idée de me séparer de ma famille pour servir mon pays dans une zone de guerre me rendait extrêmement anxieux, je savais que je devais le faire. Je priai pour que cette mission soit source de fierté pour mon père.

Mon père est encore aujourd'hui très actif au sein de l'association des Anciens combattants et il a toujours été un chaud partisan d'une armée forte. À l'époque, je n'étais pas éligible à joindre les Anciens combattants parce que je n'avais jamais été en zone de guerre, une situation qui m'avait toujours laissé l'impression que je n'étais pas à la hauteur aux yeux de mon père. Et voilà que moi, son fils cadet, j'étais expédié à des milliers de kilomètres de distance dans le but de me battre pour un pays dont nous avions à peine entendu parler auparavant.

Le 17 novembre 1990, notre convoi de véhicules militaires traversa le petit village de Greenville, au Michigan. Les trottoirs étaient bondés de familles et de gens venus nous dire au revoir. Lorsque nous approchâmes des limites de la ville, je jetai un coup d'œil par la fenêtre de mon camion et vis ma femme, Kim, et mes enfants en compagnie de mes parents. Tous me saluaient de la main et pleuraient, tous sauf mon père. Il restait sans bouger comme une statue. J'ignore pourquoi, mais il m'apparut incroyablement vieux à cet instant précis.

Comme j'étais au loin le jour de l'Action de grâce de cette année-là, je manquai le repas que mes parents donnent toujours pour l'occasion. La maison était bondée : en plus de ma femme et de mes enfants, deux de mes sœurs étaient là, accompagnées de leur mari et de leurs enfants. L'impossibilité d'assister à cette fête me chagrina beaucoup.

Quelques jours après l'Action de grâce, je fus en mesure d'appeler ma femme. Elle me raconta alors quelque chose qui changea à jamais ma façon de voir mon père.

Ma femme savait combien mon père était peu démonstratif de ses sentiments. Lorsqu'elle me relata ce qui s'était passé, je sentis sa voix trembler. Elle me raconta que mon père avait récité sa prière de l'Action de grâce comme à l'accoutumée, sauf qu'il avait ajouté une phrase à la fin. D'une voix cassée par l'émotion et les larmes aux yeux, il avait dit :

« Seigneur, veille sur mon fils, Rick, guide ses pas pendant qu'il sert son pays en cette période difficile, et fais qu'il nous revienne sain et sauf. »

Aussitôt terminé, il avait éclaté en sanglots. Je n'avais jamais vu mon père pleurer ; aussi, quand j'appris par mon épouse qu'il l'avait fait, je ne pus réprimer mes propres larmes. Ma femme me demanda ce qui m'attristait. Je me calmai et lui répondis : « Je pense que mon père m'aime vraiment, après tout. »

Huit mois plus tard, lorsque je revins à la maison, je me précipitai pour étreindre ma femme et mes enfants dans un torrent de larmes. Lorsque j'arrivai devant mon père, je l'embrassai et le serrai longuement dans mes bras. Il chuchota alors à mon oreille :

« Je suis très fier de toi, mon garçon, et je t'aime. »

Tenant sa tête entre mes mains, je regardai dans les yeux cet homme qui était mon père : « Je t'aime aussi, papa ! » Nous nous enlaçâmes de nouveau et nous pleurâmes ensemble.

Depuis ce jour, ma relation avec mon père n'est plus du tout la même. Nous avons de longues conversations ensemble. J'ai appris entre autres qu'il a toujours été fier de moi. Il n'a plus peur de me dire qu'il m'aime. Moi non plus. Mon seul regret, c'est qu'il ait fallu vingt-neuf ans et une guerre pour y arriver.

Rick HALVORSEN

Le présent de Noël

Dès que nous cessons de penser d'abord à nous-mêmes et à notre seule survie, notre conscience subit une métamorphose véritablement héroïque.

Joseph CAMPBELL

L'an dernier, à Noël, je traversai une période extrêmement difficile. Tous mes proches et mes amis étaient retournés en Floride alors que j'étais restée toute seule en Californie où, de surcroît, il faisait un froid de canard. Je travaillais trop et j'étais tombée malade.

La veille de Noël, aux environs de 21 heures, j'étais en train de faire un double quart de travail à la billetterie de Southwest Airlines et je me sentais vraiment misérable intérieurement. Le personnel avait été réduit au minimum et il y avait très peu de clients à servir.

Lorsque je fis signe au client dont c'était le tour de s'approcher du comptoir, je vis qu'il s'agissait d'un vieil homme des plus adorables qui s'appuyait sur une canne. À pas très lents, il vint vers moi et me dit d'une voix faible qu'il devait se rendre à La Nouvelle-Orléans. Je lui expliquai que le dernier avion de la journée pour cette destination venait de décoller et qu'il allait donc devoir attendre au lendemain. Il sembla déconcerté et très inquiet. J'essayai alors d'en savoir davantage ; je lui demandai s'il avait une réservation ou s'il se rappelait à quelle heure il était censé prendre son avion. Toutefois, chacune de mes questions parut le plonger davantage dans la confusion. Il se contentait de répéter :

« Elle m'a dit que je devais me rendre à La Nouvelle-Orléans. »

Au bout de plusieurs minutes, je parvins finalement à découvrir que sa belle-sœur l'avait déposé sur le bord du trottoir à l'aéroport la veille de Noël pour qu'il aille rejoindre de la parenté qui vivait à La Nouvelle-Orléans. Elle lui avait donné un peu d'argent en lui disant d'entrer dans l'aéroport et d'acheter un billet. Quand je lui demandai s'il pouvait revenir le lendemain, il répondit que sa belle-sœur était repartie et qu'il n'avait aucun endroit où aller. Il ajouta qu'il resterait à l'aéroport jusqu'au lendemain.

Naturellement, j'éprouvai un peu de honte. Pendant que je m'apitoyais sur le fait que j'étais seule à Noël, cet homme appelé Clarence MacDonald venait à moi, tel un ange, pour me rappeler ce qu'était la véritable solitude. J'avais le cœur en mille miettes.

Sans hésiter, je l'assurai que nous allions finir par trouver une solution, puis le préposé au service à la clientèle m'aida à lui trouver une place sur le premier vol du lendemain matin. Comme il avait droit au tarif pour personnes âgées, cela lui permit de garder un peu d'argent pour le voyage.

Lorsque tout fut arrangé, le vieil homme commença à paraître très fatigué. Je quittai ma place derrière le comptoir pour aller lui demander s'il se sentait bien, et je vis que sa jambe était enveloppée dans un bandage. Depuis le début, il était resté debout sur sa jambe en tenant un sac de plastique bourré de vêtements.

Je demandai qu'on lui trouve un fauteuil roulant. Lorsqu'on apporta le fauteuil, tout le monde se précipita pour l'aider à s'asseoir. Je remarquai alors une petite tache de sang sur le bandage. Je demandai au vieillard comment il s'était blessé ; il répondit qu'on avait prélevé une artère dans sa jambe pour lui faire un pontage.

Vous rendez-vous compte ? Cet homme qui venait de subir une chirurgie cardiaque avait été laissé sur le trottoir en se faisant dire d'aller s'acheter, sans réservation, un billet d'avion pour La Nouvelle-Orléans, et seul par-dessus le marché !

Une telle situation ne m'étant jamais arrivée, je ne savais trop que faire. J'allai voir mes deux superviseurs pour leur demander si nous pouvions lui trouver un endroit où loger. Les deux répondirent oui et obtinrent à son intention un bon d'échange pour une nuit à l'hôtel ainsi que deux repas, un souper et un déjeuner.

Lorsque je retournai voir le vieil homme, nous ramassâmes son sac de vêtements et sa canne et nous donnâmes un pourboire au porteur pour qu'il reconduise M. MacDonald à la sortie et attende avec lui la navette de l'aéroport. Je me penchai vers M. MacDonald pour lui expliquer encore les arrangements pris pour l'hôtel, les repas et l'itinéraire, puis je lui tapotai le bras en l'assurant que tout irait bien.

Avant de partir, il me dit : « Merci », courba la tête et se mit à pleurer. Je pleurai moi aussi. Quand je retournai voir ma superviseuse pour la remercier, elle esquissa un sourire et me confia :

« C'est le genre d'histoires que j'aime. Cet homme est ton présent pour Noël. »

Rachel Dyer MONTROSS

2

La bienveillance

L'amour et la bienveillance ont le pouvoir de changer le monde.

James AUTRY

Une leçon de mon père

On gagne sa vie avec ce que l'on reçoit, mais on la bâtit avec ce que l'on donne.

Winston CHURCHILL

Chez nous, la « bosse des affaires » est une chose toute naturelle. Nous étions sept enfants dans la famille et chacun a travaillé au magasin de mon père à Mott, une petite ville des prairies située dans le Dakota du Nord. Nous commencions à travailler au bas de l'échelle, par exemple en faisant le ménage, le rangement et l'emballage ; puis, peu à peu, nous devenions capables de servir les clients. Pendant que nous travaillions et observions, nous apprenions que le travail était beaucoup plus qu'une question de survie et de chiffre d'affaires.

Je garde encore en mémoire une leçon apprise à cette époque. Cela se passe peu de temps avant Noël. Je suis en huitième année et je travaille au magasin les soirs de semaine ; j'ai pour tâche de faire du rangement dans le rayon des jouets.

Un soir, un petit garçon de cinq ou six ans entre dans le magasin. Il porte un vieux manteau brun aux poignets sales et élimés. Ses cheveux sont en broussaille, à l'exception d'un épi dressé tout droit sur sa tête. Ses chaussures sont éraflées et l'unique lacet qu'il porte est en lambeaux. À mes yeux, ce petit garçon est pauvre, en tout cas trop pauvre pour acheter quelque chose. Il fait le tour du rayon des jouets, en prend un dans ses mains de temps à autre, puis le replace délicatement sur l'étagère.

Mon père descend l'escalier et s'approche du petit garçon. On devine un sourire dans les yeux bleu acier de papa, et la fossette dans sa joue se creuse lorsqu'il demande au garçon s'il peut l'aider. Le petit garçon répond qu'il cherche un cadeau de Noël pour son frère. Je suis impressionné de voir que mon père traite cet enfant avec le même respect qu'un adulte. Papa l'invite à prendre son temps pour regarder les jouets offerts. C'est ce que le petit garçon fait.

Après environ vingt minutes, le garçon prend délicatement un petit avion dans ses mains, s'approche de mon père et demande : « C'est combien, monsieur ?

— Combien d'argent as-tu ? » demande à son tour mon père.

Le petit garçon tend alors la main pour montrer les pièces de monnaie ; il les a serrées si longtemps dans son poing que la crasse s'est accumulée dans les plis de sa paume moite. Il a deux pièces de 10 *cents*, une pièce de 5 *cents* et deux pièces de 1 *cent* ; en tout, il a 27 *cents*. Le petit avion qu'il a choisi coûte 3,98 dollars.

« Cela va faire l'affaire », dit papa pour conclure la vente.

Ces mots resteront gravés à jamais dans ma mémoire. Pendant que j'emballe le petit avion, je repense à l'allure du petit garçon. Toutefois, lorsque le jeune client sort du magasin, je ne vois plus son manteau en loques, ni ses cheveux en broussaille, ni l'unique lacet en lambeaux. Tout ce que je vois, c'est un enfant rayonnant qui tient un trésor dans ses mains.

LaVonn STEINER

Du cœur à l'ouvrage

Vos relations avec les gens seront meilleures si vous faites appel à leurs sentiments plutôt qu'à leur raison.

Paul P. PARKER

Un jour, une cliente fit appel à mes services pour former les employés de la grosse firme de télémarketing où elle travaillait. Lorsque je commençai à enseigner des techniques de vente aux employés de cette firme, ils m'apparurent sceptiques. Il faut dire que je leur proposais une nouvelle approche basée sur la confiance, l'intégrité et la collaboration dans les rapports avec les clients potentiels. Ils travaillaient dur et semblaient disposés à apprendre, mais je voyais bien qu'ils restaient quelque peu sur leurs gardes. À la fin de la première journée, je sentis qu'il me serait impossible de continuer si je ne parvenais pas à comprendre leur réticence.

« L'apprentissage de ces nouvelles techniques de vente vous pose-t-il un problème ? » leur demandai-je. Les employés restèrent silencieux. J'attendis patiemment une réponse. Finalement, quelqu'un parla.

« Ce serait formidable si nous pouvions réellement mettre en pratique ces techniques de vente. En fait, je sais même à quels moments je pourrais m'en servir ; ainsi, je n'aurais plus l'impression de harceler les gens à qui je parle. Mais je ne pense pas que la compagnie nous laissera utiliser ces techniques. Nos patrons se fichent des gens. Ils nous traitent comme des moinsque-rien et ils utilisent des techniques de vente qui sont abusives. Bref, tout ce qui les intéresse, c'est leur marge de profit. S'ils se rendent compte que nous utilisons une méthode différente de la leur, ils vont y mettre un frein. »

Je répondis au groupe d'employés que je réfléchirais à ce problème, et je pris l'engagement de les aider à trouver un moyen d'intégrer les nouvelles techniques de vente. Ma proposition sembla les réjouir, mais ils n'étaient toujours pas convaincus.

Une fois le programme de formation terminé, je me rendis au centre téléphonique où travaillaient les représentants. Je vis le directeur général adjoint entrer dans la pièce pour parler à une représentante. Il l'interrompit au beau milieu d'une conversation. Ensuite, il s'approcha d'une autre personne qui s'entretenait avec un client et lui demanda d'expliquer la présence d'une photo personnelle sur son bureau, chose qui était interdite. Sur le bureau derrière lequel je m'étais assise se trouvait une note de service de ce même homme ; la note demandait aux employés de porter un complet ou un tailleur le lendemain et de garder leur veste entre 11 heures et midi parce que des clients potentiels viendraient visiter les bureaux.

J'attendis que le directeur général adjoint retourne dans son bureau et j'allai frapper à sa porte. Puisque je prônais la collaboration, je tins pour acquis qu'il serait possible de trouver une solution bénéfique à tous. Il me sourit et m'invita à parler. « J'ai un problème et j'ai bon espoir que vous pouvez le résoudre. On m'a engagée pour enseigner à vos employés une nouvelle technique de vente axée sur la confiance et la collaboration, mais les participants ont peur de l'utiliser au travail. »

Le directeur général adjoint était un homme de forte stature, un ex-membre du corps des Marines. Il se cala dans son fauteuil, se mit à se balancer de gauche à droite et me sourit : « Si cela rapporte de l'argent, pourquoi devraient-ils avoir peur ? »

J'observai attentivement mon interlocuteur. Il avait l'air aimable, quoique sa façon d'agir indiquait le contraire. « Puis-je vous poser une question très personnelle qui risque de vous sembler incongrue ? » demandai-je. Sans arrêter de se balancer, il fit oui de la tête, le sourire maintenant fendu jusqu'aux oreilles. Je sentais qu'il acceptait ma présence.

« Comment faites-vous pour fonctionner au travail alors que vous laissez votre cœur à la maison ? »

L'homme continua de se balancer doucement en gardant la même expression. Il plissa les yeux et répondit : « Que savez-vous d'autre à mon sujet ?

— Votre attitude me déroute, me hasardai-je à ajouter. Vous me semblez quelqu'un de bien, mais vous agissez comme si vous ne vous souciiez pas des gens. Vous placez le travail avant les gens, mais je sens que vous connaissez la différence entre les deux. »

Il jeta un coup d'œil sur sa montre et me demanda : « Êtes-vous libre pour souper ? Acceptez, c'est moi qui invite. »

Notre repas dura trois heures. Il me raconta en détail son expérience d'officier pendant la guerre du Viêt-nam, une époque où il avait dû faire du mal à d'honnêtes gens. Il pleura et moi également. La honte qu'il avait ressentie l'avait toujours empêché de raconter ces mauvais souvenirs à quelqu'un ; c'était la première fois qu'il se confiait. Pendant des années, il avait cru que sa gentillesse pouvait blesser les autres ; il avait donc décidé de ne pas laisser son cœur s'immiscer dans sa vie professionnelle. C'était un fardeau qu'il portait chaque jour. Ses confidences m'incitèrent à parler d'une de mes propres souffrances, un sujet que j'abordais rarement. Notre souper se composa de sandwiches froids, de bière tiède et de larmes.

Le lendemain, il me fit venir à son bureau. « Accepteriez-vous de vous asseoir près de moi pendant que je fais quelque chose ? » me demanda-t-il. Il appela alors la femme qui m'avait embauchée. Il s'excusa de ne pas l'avoir appuyée et de lui avoir manqué de respect devant les autres employés. La femme sembla à la fois étonnée et reconnaissante. Le directeur général adjoint se tourna ensuite vers moi et demanda : « Selon vous, y a-t-il autre chose que je devrais faire ? »

Je pris un instant pour réfléchir : « Vous aimeriez peut-être présenter vos excuses à toute l'équipe ? »

Sans hésiter, il prit le téléphone et demanda à sa secrétaire de convoquer toute l'équipe à une réunion impromptue. Pendant cette réunion, il présenta ses excuses devant tout le personnel à la femme qui avait fait appel à mes services, puis il s'excusa auprès de ses employés de leur avoir manqué de respect et leur offrit d'apporter tous les changements nécessaires pour qu'ils aient chaque jour le goût de venir travailler. Il exprima également le désir d'apprendre les techniques de vente que j'enseignais et proposa à toute son équipe de faire de même.

Cette réunion fut suivie de plusieurs autres. Ceux et celles qui songeaient à donner leur démission changèrent d'idée. Les employés constatèrent qu'ils n'avaient plus besoin d'être sur leurs gardes au travail et qu'ils pouvaient même avoir du plaisir à travailler. L'équipe adopta la technique de vente basée sur la collaboration. Le directeur général adjoint commença à utiliser sa nouvelle approche avec ses autres équipes. Et je me fis un nouvel ami.

Sharon Drew MORGEN

Le colis de Noël

Les plus belles occasions sont souvent les plus difficiles à saisir.

WALT KELLY, « Pogo »

Les événements qui constituent le fleuron de mes 28 ans de carrière dans l'enseignement ont commencé le lundi 9 décembre 1990. Les troupes de mon pays combattaient en Arabie Saoudite dans le cadre de l'opération Tempête du désert. J'assistais à une réunion d'enseignants qui se tenait à la cafétéria de l'école. C'est là que la responsable de l'informatique nous présenta le projet Bouclier du désert, mis sur pied par l'ancien joueur étoile de football des Bears de Chicago, Walter Payton.

Elle nous expliqua que Payton avait nolisé un avion pour le dimanche suivant afin de se rendre dans le golfe Persique et y distribuer personnellement des cadeaux et des dons recueillis dans la région de Chicago. On nous demandait d'inviter nos élèves à signer des cartes de Noël et à écrire des lettres d'encouragement à l'intention des soldats pour la période des fêtes.

Lorsque je me rendis à l'école le lendemain, mardi, je me rappelai le Noël que j'avais passé aux Philippines dans les années 1960 quand je faisais partie du Corps des volontaires de la paix. Ma famille m'avait envoyé des biscuits. Ces friandises m'avaient fait un bien immense ! J'avais senti qu'on m'aimait et qu'on tenait à moi.

Je songeai alors que si chaque élève versait 50 *cents*, nous disposerions de 60 dollars pour acheter des biscuits que nous pourrions expédier par le même avion qui décollait dimanche.

Lorsque je proposai aux élèves de mes cinq classes de faire un don de 50 *cents*, ils acceptèrent avec enthousiasme. La journée avança et l'idée de notre projet de biscuits se propagea : la « National Honor Society » offrit d'envoyer des livres de poche, tandis qu'une autre enseignante décida de remplir de bonbons des bas de Noël.

Le mercredi matin, je me rendis au secrétariat de l'école. J'expliquai à la secrétaire du directeur que mes élèves recueillaient des fonds pour acheter des biscuits et que les autres classes faisaient aussi leur part. Je lui demandai si la direction de l'école serait disposée à faire un don. Le directeur accepta.

Cette nouvelle m'enchanta à un point tel que je demandai à la secrétaire si elle accepterait de contacter la commission scolaire pour demander aux administrateurs de contribuer. Ceux-ci acceptèrent également d'appuyer notre projet.

Lorsque je présentai à ma classe la somme totale que nous avions recueillie, nous constatâmes que nous disposions de plus de 150 dollars, un budget suffisant pour acheter plus que des biscuits. Nous fîmes une liste des choses que les familles pouvaient envoyer outremer, puis trois élèves de chaque classe se portèrent volontaires pour former un comité d'achat.

Le jeudi, j'allai à la salle des enseignants pour manger et je parlai avec enthousiasme de la participation de l'école dans le projet Bouclier du désert. Un de mes interlocuteurs m'expliqua que les insectes vivant dans le sable du désert pénétraient dans les colis que les familles envoyaient aux soldats ; il me suggéra de contacter un fabricant de maïs soufflé pour demander qu'on nous fasse don de contenants de métal vides.

En plus des contenants vides, le fabricant offrit de donner quelques caisses de maïs soufflé. Lorsque je présentai mon rapport quotidien aux élèves et que je leur appris la contribution de cette compagnie, ils mirent leurs idées en commun pour trouver d'autres moyens d'aider par l'entremise des entreprises où leurs parents travaillaient.

Ce jeudi-là, à la fin de la journée d'école, nous avions amassé 260 dollars. Armés d'une lettre officielle expliquant la participation de l'école dans le projet Bouclier du désert, les membres de notre comité d'achat partirent faire leurs emplettes.

Le vendredi matin, à mon arrivée en classe, quelle ne fut pas ma surprise de trouver les employés de l'école en train de décharger des palettes de boîtes. Les quinze membres du comité d'achat entrèrent un par un, chacun avec ses achats. Ils étaient très excités. Ils me racontèrent qu'ils avaient éprouvé des difficultés à payer pour toute cette marchandise parce que les commerçants voulaient eux aussi faire des dons. Les caisses et les boîtes étaient si nombreuses que nous fûmes incapables de toutes les placer dans la camionnette de l'école. Le directeur appela donc la commission scolaire et demanda un camion. Nous remplîmes le camion avec plus de 2 000 dollars de produits, puis nous nous rassemblâmes derrière le véhicule pour faire prendre une photo de notre groupe qui tenait une bannière portant ces mots :

« Elk Grove tient à vous dire… Joyeux Noël ! »

Un peu plus tard, je retournai dans la classe qu'avaient envahie, quelques heures auparavant, des élèves tout aussi enjoués que déterminés. La salle de classe était maintenant vide. Je songeai à quel point ce projet avait été valorisant et à quel point j'avais reçu soutien et encouragements. Je me rappelle être restée assise en silence, pensive.

D'accord, Seigneur, j'ai compris. Je sais maintenant pourquoi j'enseigne dans cette classe.

Le lundi suivant, je demandai à chacun de mes élèves d'écrire un paragraphe sur le projet Bouclier du désert. Quelques-uns écrivirent qu'ils s'engageraient activement dans les projets de leur collectivité lorsqu'ils seraient adultes. D'autres expliquèrent que l'engagement personnel peut contribuer à changer les choses et qu'il peut même inciter les autres autour de soi à faire leur part.

Toutefois, la réponse qui me toucha le plus fut celle d'un élève qui écrivit ceci :

« Mme O'Brien, j'étais prêt à me suicider cette semaine, mais je me suis joint au comité et j'ai constaté que les autres m'acceptaient, et... merci ! »

Sally K. O'Brien

Je n'arrive pas à y croire

Nos vies seront toujours comblées si nos cœurs donnent toujours sans compter.

Anonyme

Au terme de trente années de service chez American Airlines, je pris ma retraite. J'avais 50 ans. À cette étape de ma vie, je commençai enfin à faire ce que Dieu me réservait pour la seconde moitié de mon existence : inspirer les autres, les motiver et créer des *moments précieux*.

En juin 1995, je m'arrêtai à la station-service du coin où j'achète régulièrement de l'essence et, parfois, un billet de loterie. Ce soir-là, c'était Millie qui travaillait, une jeune femme aimable, aimante et souriante qui avait toujours un mot gentil pour les clients. Comme d'habitude, nous échangeâmes quelques blagues. Pour la taquiner, je lui dis que je lui donnerais 1 000 dollars si je gagnais le gros lot de 10 millions de dollars. Millie rétorqua que si je gagnais, j'allais devoir l'emmener manger à Paris (et elle ne faisait pas allusion à la ville qui porte le même nom au Texas). Nous rîmes de bon cœur. De retour dans ma voiture, je songeai à un fait intéressant : pour moi, les mots « gros lot » signifiaient 10 millions de dollars ; pour Millie, ils signifiaient un repas au restaurant à Paris. Millie ignorait que j'avais travaillé pendant longtemps pour un transporteur aérien.

Vers le 21 décembre de la même année, je m'arrêtai de nouveau à la station-service. Millie était à son poste. Je lui tendis une carte de Noël et lui demandai de la lire en ma présence. Millie ouvrit la carte et commença à lire :

Chère Millie,

Le 17 juin 1995, tu m'as vendu ce billet de loterie (ci-joint). Eh bien, je n'ai pas gagné 10 millions de dollars, mais toi, tu as décroché le gros lot. Choisis une date en 1996, fais tes valises et prépare ton passeport pour un voyage gastronomique à Paris. Je t'offre ce cadeau parce que tu ne ménages aucun effort pour faire sentir à tous ceux qui t'entourent qu'ils sont importants. Merci. Que Dieu te bénisse. Passe un joyeux Noël.

Millie ne put se contenir. Elle sautait littéralement de joie dans sa petite cabine. J'avais moi-même de la difficulté à garder mon calme. À ce moment précis, au plus profond de mon âme, je compris que je venais de faire vivre un moment inoubliable à une personne qui comptait dans ma vie.

Au cours des semaines qui suivirent, je revis Millie à plusieurs reprises. Chaque fois que j'arrivais à la station-service, son visage s'illuminait. À travers la porte entrouverte, elle me prenait par le cou et m'embrassait. Elle me disait à quel point « elle n'arrivait pas à y croire », qu'elle avait téléphoné à sa mère, qu'elle avait appris la nouvelle à son patron et ainsi de suite. Toutefois, c'est la phrase suivante qui me toucha le plus :

« Mary Ann, il est inscrit dans mon testament que si je meurs avant d'avoir mangé à Paris, je veux qu'on disperse mes cendres au-dessus de cette ville. »

Mary Ann DOCKINS

Le laitier

Mon esprit est en paix seulement quand je pardonne au lieu de juger.

Gerald JAMPOLSKY

Ce matin-là, quand Ben livra du lait chez mon cousin, il n'avait pas son entrain habituel. Cet homme frêle d'une quarantaine d'années ne semblait pas d'humeur à bavarder.

Cela se passait à la fin du mois de novembre 1962. Je venais de déménager à Lawndale, en Californie, et j'étais ravie de constater qu'il y avait encore des laitiers qui livraient le lait à domicile. Pendant les semaines où mon mari, mes enfants et moi logions chez mon cousin, le temps de trouver une maison, j'en vins à apprécier les reparties joviales de Ben.

Ce matin-là, cependant, il était d'humeur sombre lorsqu'il sortit la marchandise du casier à bouteilles. Avec précaution, je le questionnai longuement pour qu'il me dise ce qui n'allait pas. Embarrassé, il me raconta que deux de ses clients avaient quitté la ville sans régler leurs factures et qu'il allait devoir assumer les pertes. Un de ces clients lui devait seulement 10 dollars, mais l'autre, une cliente en fait, lui devait 79 dollars et était partie sans laisser d'adresse. Ben s'en voulait d'avoir fait crédit à cette cliente.

« C'était une jolie femme, me raconta-t-il, avec six enfants à charge et un autre en route. Elle disait sans cesse : "Je vais vous payer bientôt, dès que mon mari aura un deuxième emploi." Je lui faisais confiance. Quel idiot j'ai été ! Je croyais faire un bon geste, mais j'ai eu ma leçon. Je me suis fait avoir ! »

Tout ce que je pus dire, c'est « je suis désolée ».

Lorsque je le revis, on aurait dit que sa colère avait empiré. Il trépignait en parlant de ces petits vauriens qui avaient bu tout son lait. La charmante petite famille à qui il avait fait crédit s'était transformée en une bande de sales mômes.

Je lui réitérai ma sympathie et changeai de sujet. Après son départ, cependant, je repensai à sa mésaventure et j'éprouvai le besoin de faire quelque chose. Il ne fallait surtout pas qu'un tel incident aigrisse un homme aussi chaleureux que Ben. J'essayai donc de trouver une solution pour l'aider. Me rappelant que Noël approchait, je songeai à ce que ma grand-mère avait l'habitude de dire : « Si quelqu'un te vole quelque chose, donne-lui ce qu'il t'a volé, et plus jamais on ne te volera. »

Je profitai de la visite suivante de Ben pour lui annoncer que j'avais trouvé un moyen de lui faire oublier ses 79 dollars.

« Ça m'étonnerait, dit-il, mais dites quand même.

— *Donnez* ce lait à cette femme. Offrez-le-lui en guise de cadeau de Noël pour ses enfants qui en ont besoin.

— Êtes-vous sérieuse ? répliqua-t-il. Même pour le cadeau de ma femme je ne dépense pas autant d'argent !

— La Bible dit : "J'étais un étranger et tu m'as accueilli." Disons que vous les avez tout simplement accueillis, elle et ses petits enfants.

— Je dirais plutôt qu'elle m'a roulé. On voit bien que ce ne sont pas *vos* 79 dollars. »

Je n'insistai pas davantage, mais ma suggestion me paraissait valable.

À chacune de ses visites subséquentes, nous fîmes des blagues à ce sujet. « Alors, ce lait, lui avez-vous donné ? lui demandais-je d'un air taquin.

— Non, me rétorqua-t-il une fois, mais je songe à offrir à mon épouse un cadeau de 79 dollars, à moins qu'une autre jolie maman ne se mette à profiter de ma bonté. »

Chaque fois que je lui posais la question, il semblait retrouver peu à peu sa gaieté.

Puis, six jours avant Noël, il m'annonça la grande nouvelle. Il arriva chez mon cousin avec un grand sourire et le regard heureux : « Je l'ai fait ! Je lui ai offert le lait en guise de cadeau de Noël ! Ça n'a pas été facile, mais cet argent était perdu de toute façon, n'est-ce pas ?

— Oui, lui répondis-je, aussi contente que lui. Mais l'avez-vous fait de bon cœur ?

— Oui, dit-il. C'est de bon cœur que je l'ai fait. Et je me sens vraiment mieux. J'éprouve beaucoup de joie à l'approche de ce Noël. Grâce à moi, les enfants de cette femme ont pu mettre beaucoup de lait dans leurs céréales. »

Le temps des fêtes passa. Un matin ensoleillé du mois de janvier, Ben arriva en trombe dans l'entrée de la maison. « J'ai quelque chose à vous raconter ! » s'écria-t-il, le sourire en coin.

Il m'expliqua alors qu'il avait récemment fait un itinéraire différent pour remplacer un autre laitier. Pendant qu'il livrait le lait, il avait entendu quelqu'un crier son nom. En regardant par-dessus son épaule, il avait vu une femme qui courait vers lui dans la rue, brandissant des billets de banque. Il l'avait immédiatement reconnue : c'était cette mère de plusieurs enfants, celle qui n'avait pas payé sa facture. Elle transportait un nourrisson dans une petite couverture.

« Ben, attendez ! s'était-elle écriée. J'ai de l'argent pour vous. »

Ben avait arrêté son camion et en était sorti.

« Je suis désolée, avait-elle dit. J'avais réellement l'intention de vous payer. » Elle avait alors expliqué à Ben qu'un soir, son mari était rentré à la maison en annonçant qu'il avait trouvé un appartement moins cher. Il avait également commencé un travail de nuit. Avec tous ces chambardements, la femme avait oublié de laisser sa nouvelle adresse. « Mais j'ai fait des économies. Voici 20 dollars pour commencer.

— Inutile. La facture a été payée, avait répliqué Ben.

— Payée ? s'était-elle exclamée. Que voulez-vous dire ? Qui l'a payée ?

— Moi. »

Elle le regarda comme s'il était l'ange Gabriel et éclata en sanglots.

« Et ensuite ? demandai-je alors à Ben. Qu'avez-vous fait ?

— Je ne savais pas comment réagir, alors j'ai mis mon bras autour de ses épaules. Ensuite, sans trop savoir pourquoi, je me suis mis à pleurer avec elle. Et j'ai pensé à ses enfants qui avaient pu mettre du lait dans leurs céréales. Et vous savez quoi ? Je suis vraiment content que vous m'ayez suggéré de lui donner les 79 dollars.

— Vous n'avez pas pris les 20 dollars ?

— Il n'en était pas question, me répondit-il avec indignation. Ce lait, je le lui avais offert pour Noël, non ? »

Shirley BACHELDER

Joan a rencontré le Père Noël

L'amitié multiplie les joies et partage les peines.

Thomas FULLER

Au travail, tout le monde a (ou devrait avoir) une collègue comme Joan. C'est vers Joan que chacun se tourne quand la charge de travail est trop lourde. C'est Joan qui a toujours une bonne histoire à raconter et un rire à partager. À Noël, année après année, c'est Joan qui, pour transformer la froide atmosphère de notre salle de conférence, rapporte de la maison des nappes en tissu, des arbres de Noël miniatures illuminés de minuscules lumières blanches et un vrai service à thé.

Joan est aussi une rescapée du cancer du sein chez qui on a également diagnostiqué un cancer du poumon récemment. Ce fut très difficile pour elle d'être à nouveau confrontée à l'idée de la mort, sans compter des problèmes de vision qui sont survenus et qui l'ont forcée à s'absenter plusieurs fois du travail. À cause de ces journées de travail manquées, des soucis financiers se sont ajoutés à ses problèmes de santé. C'est pour cela que cette année, au lieu de faire un échange de cadeaux entre employés, nous avons mis notre argent en commun pour offrir un présent à Joan. Lors de la fête que nous avons organisée pour Noël, nous lui avons offert quelques chèques-cadeaux.

Les problèmes de vision de Joan étaient une lutte quotidienne. Parfois, lorsque Joan remplaçait la réceptionniste au standard, elle avait de la difficulté à distinguer les chiffres du cadran et, par le fait même, à acheminer les appels au bon poste téléphonique. Son médecin lui avait prescrit de nouvelles lunettes, mais elle n'avait pas pu se les acheter faute d'argent. Le premier chèque-cadeau était donc destiné à lui procurer de nouvelles lunettes.

Nous vivons au Minnesota où les hivers sont très froids et les coûts de chauffage, souvent exorbitants. Joan ne savait pas comment elle s'en sortirait cette année. Nous avons donc offert à Joan un chèque-cadeau qui lui permettrait de régler sa facture de chauffage.

Comme Joan souffrait du cancer, on l'encourageait à manger beaucoup de fruits et de légumes frais. Nous avons donc conclu qu'un chèque-cadeau d'épicerie était approprié pour sa santé.

Enfin, nous lui avons donné un chèque-cadeau du magasin à rayons du coin, qu'elle pourrait dépenser à sa guise.

Joan a accepté nos cadeaux de bonne grâce et nous a remerciés de la soutenir dans les moments les plus éprouvants. Elle nous a ensuite raconté qu'à l'époque où elle avait 6 ou 7 ans, des camarades de classe lui avaient dit que le Père Noël n'existait pas. Cette année-là, dans le seul but de vérifier l'existence du bon vieux Père Noël, Joan avait fait exprès de demander à ses parents des présents qu'ils n'avaient pas les moyens de lui offrir. Toutefois, sa mère, voulant à tout prix que sa fille continue de croire au Père Noël une année de plus, s'était débrouillée pour acheter tout ce qu'il y avait sur la liste de Joan.

Joan nous a dit que le Noël que nous lui avions préparé ressemblait à ce Noël de son enfance. Elle croyait de nouveau que les rêves pouvaient vraiment se réaliser. Ce fut notre plus belle fête de Noël.

Angela BARNETT

Les Anges de l'Arc

Nous savons ce que nous sommes, mais nous ignorons ce que nous pourrions être.

William SHAKESPEARE

Il y a de cela plusieurs années, l'entreprise que j'ai fondée avec Francesca Patruno, Iris Arc Crystal, traversa une période creuse. Nous venions tout juste d'embaucher quelques nouveaux employés et nous espérions que ce ralentissement serait temporaire. Nous avions du travail uniquement pour quatre jours par semaine.

Cependant, au lieu de licencier 20 % de nos employés ou de leur demander de rester à la maison une journée par semaine, nous prîmes la décision suivante : nous allions garder tout le personnel sur la liste de paie pour la semaine entière, travailler du lundi au jeudi et consacrer nos vendredis à des projets communautaires organisés dans notre ville, Santa Barbara.

Je me rappelle avoir contacté plusieurs organismes communautaires pour savoir à qui pourraient bénéficier nos services dans la communauté. Ensuite, après avoir divisé le personnel en trois équipes, nous nous rendîmes là où on avait le plus besoin de notre aide.

La première semaine, mon équipe se rendit au domicile d'un très vieux monsieur d'origine ukrainienne pour faire le grand ménage de sa maison et de son jardin. Lorsque nous arrivâmes sur place, une vieille dame nous accueillit à la porte. Nous croyions qu'elle était l'épouse du vieillard, mais il s'avéra qu'elle était plutôt sa fille. Elle avait 75 ans et son père, 97 ans ! Elle nous indiqua le travail à faire, puis nous commençâmes à nettoyer la maison du grenier à la cave, sans oublier le terrain. C'est incroyable le boulot que peut abattre un groupe de personnes quand tout le monde fait sa part pour rendre service à quelqu'un qui en a vraiment besoin ! Au terme d'une seule journée de travail, la maison négligée de cet homme se transforma en un palais étincelant de propreté.

Mon plus beau souvenir de cette journée ne concerne toutefois pas cette belle corvée de nettoyage, mais quelque chose de tout à fait différent. Quand mon équipe entra dans la maison du vieillard pour la première fois, je remarquai les merveilleux dessins au crayon et à l'encre qui ornaient les murs de toutes les pièces. Je questionnai la dame pour savoir qui était l'auteur de ces dessins. Elle répondit que c'était son père, avant de préciser qu'il s'était mis au dessin à l'âge de 80 ans ! J'étais éberlué : ces dessins étaient des œuvres d'art qui auraient facilement trouvé une place dans un musée.

À l'époque, j'étais au début de la trentaine. J'aspirais depuis longtemps à me lancer dans une activité qui utiliserait ma créativité et mes talents artistiques, chose que ne permettait pas mon poste de directeur d'une entreprise d'articles cadeaux, mais j'avais le sentiment qu'il serait trop difficile de faire un tel changement à un âge aussi « avancé » que le mien. Eh bien, cet après-midi-là, croyez-moi, ma vision de la vie en prit un coup !

Pendant plusieurs semaines, mes collègues et moi continuâmes de participer à des projets communautaires. Entre autres, notre équipe repeignit complètement une maison et construisit des gradins à découvert dans un centre équestre pour enfants handicapés. Nous eûmes beaucoup de plaisir et nous rendîmes service à beaucoup de monde. À un moment donné, les gens commencèrent à nous surnommer les Anges de l'Arc, une référence au nom de notre entreprise.

En plus de sentir que nous aidions les autres, nous étions fiers de faire partie d'une entreprise qui se souciait à la fois de ses employés et de la communauté dans son ensemble. Ces sentiments ont grandement contribué à créer un climat où il fait bon travailler.

Jonathan WYGANT

Un mot d'encouragement

Nous sommes ici-bas pour nous entraider dans le périple de la vie.

William J. BENNETT

En janvier 1986, en me promenant d'une chaîne de télévision à l'autre, j'aperçus le générique d'une émission intitulée « Funny Business » qui portait sur la caricature. J'avais toujours voulu être caricaturiste, mais je n'avais jamais su comment y parvenir. J'écrivis donc une lettre à l'animateur de l'émission, le caricaturiste Jack Cassady, pour lui demander conseil sur la façon d'accéder à ce métier.

Quelques semaines plus tard, je reçus une lettre manuscrite encourageante de Jack qui répondait en détail à toutes mes questions au sujet du matériel requis et de la façon de s'y prendre. Dans sa lettre, il me prévenait aussi des refus que j'allais probablement essuyer au début et il m'encourageait à ne pas me laisser décourager pour autant. Il terminait sa lettre en disant que les échantillons de caricatures que je lui avais envoyés étaient bons et dignes de publication.

J'étais extrêmement content de savoir enfin comment m'y prendre pour devenir caricaturiste. Je décidai donc d'envoyer mes meilleures caricatures aux magazines *Playboy* et *The New Yorker*. Ceux-ci me firent savoir leur manque d'intérêt par des lettres photocopiées aussi brèves qu'impersonnelles. Découragé, je rangeai mon matériel à dessin dans un placard et renonçai à la caricature.

Au mois de juin de l'année suivante, de manière inattendue, je reçus une seconde lettre de Jack Cassady. C'était très surprenant, d'autant plus que je ne l'avais même pas remercié des conseils qu'il m'avait donnés dans sa première lettre. Voici ce qu'on pouvait lire dans sa lettre.

Cher Scott,

J'étais en train de mettre de l'ordre dans le courrier que j'ai reçu pour l'émission « Funny Business » lorsque je suis tombé sur votre lettre et vos échantillons de caricatures. Je me souviens d'avoir répondu à votre lettre.
Je vous écris de nouveau pour vous encourager encore à soumettre vos idées à diverses publications. J'espère que vous l'avez déjà fait et que vous êtes sur le point de gagner un peu d'argent tout en vous amusant. Les encouragements sont parfois rares dans ce drôle de monde de l'humour visuel. C'est pourquoi je vous encourage à persévérer et à continuer de dessiner.
Je vous souhaite la meilleure des chances et beaucoup d'inspiration.
Bien vôtre,

Jack

Cette lettre me toucha profondément, surtout, je crois, parce que Jack n'avait rien à retirer de tout cela – pas même mes remerciements, comme l'histoire le démontre. Fouetté par ses encouragements, je ressortis mon matériel et esquissai quelques dessins à l'encre qui allaient plus tard devenir « Dilbert ». Aujourd'hui, sept cents journaux et six livres plus tard, les choses vont plutôt bien à Dilbertville.

Je suis persuadé que je n'aurais jamais recommencé à dessiner n'eût été de la seconde lettre de Jack. Grâce à ses encouragements, il a déclenché une suite d'événements qui m'ont conduit jusqu'à vous qui lisez présentement ces lignes. La popularité grandissante de « Dilbert » m'a fait apprécier encore plus la portée du simple geste de Jack. J'ai pu un jour le remercier, mais j'ai toujours eu le sentiment qu'il me serait impossible de lui rendre le cadeau qu'il m'avait fait. Les remerciements m'ont toujours semblé insuffisants.

Avec le temps, j'ai compris que certains cadeaux sont destinés à être transmis plutôt que remboursés. Nous connaissons tous quelqu'un qui aurait besoin d'un mot d'encouragement. Je vous invite à passer à l'action. Faites-le par écrit, car cela touche davantage. Et faites-le pour quelqu'un qui sait que votre geste est désintéressé.

Certes, il est important d'encourager sa famille et ses amis, mais leur bonheur et le vôtre sont inséparables. Autrement dit, votre geste sera d'autant plus remarquable qu'il sera destiné à quelqu'un qui ne peut pas vous rendre la pareille ; c'est un détail qui ne lui échappera pas.

Et n'oubliez pas : le moindre encouragement est important et déclenche une série d'événements qui se répercutent sans fin.

Scott ADAMS (créateur de « Dilbert »)
proposé par Andrew SHALIT

Les gens d'abord

Forrest King n'en croyait pas ses yeux. Des douzaines d'employés de Federal Express les applaudissaient pendant que lui et son épouse descendaient du Boeing 747 nolisé.

King était venu à Memphis en compagnie d'autres employés de Flying Tiger, une entreprise qui venait d'être achetée par Federal Express, pour voir s'il voulait être transféré. L'accueil qu'on lui réserva – tapis rouge compris et comité de bienvenue présidé par le maire de Memphis et le chef de la direction de FedEx – fut le premier contact de King avec cette compagnie pas comme les autres.

King déclara : « Il me semble que lorsqu'une entreprise en achète une autre, rien ne l'oblige à vous garantir un emploi. Toutefois, tous les employés se sont vu offrir un poste. Cette offre leur a été communiquée par écrit puis par bande vidéo. »

La philosophie de gestion du chef de la direction de Federal Express, Fred Smith, est axée sur les gens. Un des slogans de Federal Express résume bien cette philosophie : « La personne, le service, le profit » (ou P-S-P). « Prenez soin de vos employés ; en retour, ils offriront le service impeccable qu'exigent nos clients qui, à leur tour, nous permettront de maintenir la rentabilité nécessaire à notre avenir. »

FedEx traite bien ses employés. Lorsque l'entreprise a mis fin à son programme Zapmail en 1986, elle a accordé aux 1 300 employés qui travaillaient dans ce service la priorité quant aux nouveaux postes qui s'ouvraient à l'interne. Les employés incapables de trouver un poste doté d'un salaire équivalent pouvaient accepter un poste inférieur tout en conservant leur salaire antérieur pour une période pouvant aller jusqu'à quinze mois, ou jusqu'à ce qu'ils trouvent un autre poste mieux rémunéré.

Et lorsque FedEx a diminué considérablement son service en Europe et réduit de 9 200 à 2 600 le nombre de ses employés sur ce continent, plusieurs journaux, dont *The London Times*, ont félicité l'entreprise pour la façon dont elle avait effectué les mises à pied. Par exemple, FedEx acheta des pages entières de publicité dans plusieurs journaux pour inciter d'autres entreprises à embaucher ses anciens employés. Uniquement en Belgique, 80 entreprises ont répondu à l'appel et offert plus de 600 emplois.

Dans les moments difficiles, les gens de FedEx se serrent les coudes.

Robert LEVERING, Milton MOSKOWITZ
et Michael KATZ

La perfection humaine réside dans l'être
et non dans l'avoir.

Oscar WILDE

« Merci de m'avoir crue »

La véritable découverte ne consiste pas à découvrir de nouvelles contrées, mais à voir avec un regard neuf.

Marcel PROUST

En tant que jeune travailleuse sociale dans une clinique psychiatrique de New York, on me demanda un jour de rencontrer Roz, une femme de 20 ans qui nous était envoyée par une autre institution psychiatrique. La situation était inhabituelle en ce sens que nous n'avions reçu aucun renseignement à son sujet avant ce premier rendez-vous. On m'avait suggéré de me « fier à mon instinct » pour déterminer ses problèmes et ses besoins.

Sans diagnostic sur lequel m'appuyer, je constatai que Roz était une jeune femme malheureuse et incomprise qu'on n'avait pas pris la peine d'écouter lors des thérapies précédentes. Sa situation familiale était désastreuse. En fait, elle me sembla plus seule et incomprise que perturbée. Chose certaine, elle paraissait heureuse d'être enfin entendue.

Je l'aidai donc à prendre un nouveau départ dans la vie, c'est-à-dire à se trouver un emploi, un domicile agréable et de nouveaux amis. Nous nous entendions bien, et elle commença sans tarder à apporter des changements importants dans sa vie.

Après un mois de collaboration fructueuse entre Roz et moi, je reçus enfin son dossier de l'institution psychiatrique qui nous l'avait envoyée. À ma grande surprise, l'épais dossier de Roz décrivait plusieurs hospitalisations de nature psychiatrique. On avait diagnostiqué une « schizophrénie paranoïde », et une note jugeait même son cas « sans espoir ».

Or mon expérience avec Roz avait été tout autre chose. Je décidai donc de ne pas tenir compte du dossier. Jamais je ne considérai Roz comme un cas « sans espoir ». (À partir de ce moment, d'ailleurs, j'appris à remettre en question la valeur et l'infaillibilité des diagnostics).

Je découvris le calvaire que Roz avait enduré lors de ses hospitalisations ; on l'avait droguée, isolée, maltraitée. Roz elle-même m'apprit beaucoup sur la survie dans ces conditions traumatisantes.

Roz réussit d'abord à trouver un emploi, puis un endroit où loger, loin des difficultés familiales. Après plusieurs mois d'efforts communs, elle me présenta celui qui allait devenir son mari, un homme d'affaires prospère qui l'adorait.

Une fois notre thérapie terminée, Roz m'offrit un signet en argent et une note qui disait :

« Merci de m'avoir crue. »

J'ai conservé cette note et je la garderai jusqu'à la fin de mes jours. Elle me rappelle que je dois continuer de croire en l'être humain, comme je l'ai fait pour cette femme qui a fait mentir un diagnostic « sans espoir ».

Judy TATELBAUM

Une entrevue pas comme les autres

L'amour guérit à la fois celui qui le donne et celui qui le reçoit.

Dr Karl MENNINGER

Un jour, je passai une entrevue avec un cadre supérieur d'une importante compagnie d'assurances. Je ne lui cachai pas la principale raison de ma candidature auprès de la compagnie : je voulais que ma famille reste à Boston.

Après vingt-six ans de mariage, ma femme venait de mourir, victime d'une crise cardiaque. Je savais que l'obtention d'un poste à Boston m'aiderait à amoindrir le choc et la douleur de cette perte qui affligeait ma fille de 16 ans. Il m'importait surtout qu'elle puisse rester à son école actuelle.

J'avais encore beaucoup de mal à parler de la mort de ma femme. Bruce, le cadre qui dirigeait l'entrevue, manifesta une sympathie polie, mais sans plus. Il fit mention de mon deuil et, avec grand respect, il passa à un autre sujet.

Lorsque la seconde série d'entrevues fut terminée, Bruce m'invita à déjeuner en compagnie d'un autre cadre. Il me proposa ensuite de faire une promenade. Il me raconta alors qu'il avait lui aussi perdu sa femme. Comme moi, il avait été marié pendant vingt ans ; il avait trois enfants.

Pendant qu'il me parlait, je compris qu'il avait vécu une souffrance semblable à la mienne, une souffrance presque impossible à décrire à quelqu'un qui n'a jamais perdu un être cher. Il me donna sa carte de visite ainsi que son numéro de téléphone personnel, et il m'invita à l'appeler si j'avais besoin d'aide ou si je ressentais le besoin de parler à quelqu'un. Que j'obtienne ou non le poste, il voulait que je sache que je pouvais compter sur lui en cas de besoin.

Grâce à sa gentillesse, alors même qu'il ignorait si nous nous reverrions un jour, il aida notre famille à surmonter une des plus grandes pertes que l'on puisse subir. Il transforma une entrevue habituellement impersonnelle en un témoignage de bienveillance et de soutien à l'égard d'une personne durement éprouvée.

Mike TEELEY

Nous ne sommes que des êtres humains

La vie est une occasion de prodiguer de l'amour à votre propre manière.

Bernie SIEGEL, M.D.

Armé de mon diplôme de l'université Princeton et des nombreux hommages que j'avais reçus à titre de conférencier, je me présentai dans une petite église de l'Oklahoma et livrai des sermons aussi étincelants que mon *curriculum vitae.*

La réaction de l'assemblée des fidèles fut courtoise et encourageante, mais certains ne manifestèrent pas la ferveur dévorante à laquelle je m'attendais. Surtout les diacres. La plupart d'entre eux étaient jeunes, de mon âge ou un peu plus âgés. Je conclus qu'ils n'avaient pas la maturité nécessaire pour apprécier toute la gravité de l'éloquent défi que je leur lançais.

Il y avait toutefois une exception : Vilas Copple. Vilas était plus vieux, dans la cinquantaine je dirais. Il avait l'air de ce qu'il était : un vieux travailleur de l'industrie pétrolière. J'ignore exactement ce que Vilas avait fait d'autre dans la vie, mais je soupçonne que cela exigeait à la fois la sagesse qui vient avec l'expérience et l'endurance qui découle d'un travail physique intense. Ce que je sais, cependant, c'est qu'il tenait à son église. Il chantait dans la chorale, assistait au catéchisme du dimanche et appuyait les efforts que je faisais pour provoquer une étincelle chez les diacres.

C'est de ce sujet que Vilas et moi discutâmes au terme d'une réunion des diacres, un lundi soir. Chacun retourna ensuite chez lui.

Aussitôt arrivé chez moi, la sonnerie du téléphone retentit. C'était Vilas. Il venait de rentrer et avait trouvé sa femme morte sur le plancher de la cuisine. Lorsqu'ils avaient soupé ensemble ce soir-là, avant la réunion, elle lui avait semblé en parfaite santé. Maintenant, elle n'était plus là. Pouvais-je venir le voir ? Évidemment. C'était mon devoir.

Je me rendis chez Vilas à pied, non seulement parce qu'il habitait relativement près, mais aussi parce que je n'étais pas pressé d'arriver. En chemin, des questions tourbillonnaient avec frénésie dans ma tête. Qu'allais-je dire ? Que pouvais-je faire ? Comment allais-je l'aider ?

Ce n'était pas comme rédiger un sermon. Lorsque je préparais un sermon, j'avais du temps et des livres à consulter ; mis à part mon désir d'être considéré comme un maître de la motivation, mes sermons ne revêtaient pas un caractère d'extrême urgence. La situation qui m'attendait était d'un tout autre genre. C'était la réalité. L'épouse d'un homme, sa compagne aimante, sa bien-aimée, la mère de ses enfants, n'était plus. Impossible de trouver une réalité plus incontournable. Même si mon devoir m'appelait auprès de lui, je ne trouvais rien à dire.

C'est précisément ce que je fis durant la majeure partie de cette nuit-là : je ne prononçai pratiquement aucun mot. Le coroner était venu puis reparti ; on avait enveloppé et emmené la dépouille. Pendant des heures, Vilas et moi restâmes assis dans le salon, la plupart du temps en silence, tous les deux. Il y eut bien quelques prières à peine audibles, presque toujours murmurées par bribes.

Vilas n'avait pas reçu une éducation où on s'exprimait beaucoup par mots ; en ce qui me concerne, j'étais confronté pour la première fois à un être humain en grande détresse et je n'avais rien à dire.

L'aube pointait à l'horizon lorsque je retournai chez moi. Un des souvenirs qui me reviennent le plus clairement est le suivant : je me regarde dans le miroir pendant que je me brosse les dents et je me dis *Veux-tu bien me dire ce que tu fais dans cette galère ?* Je me couchai en me demandant quelles autres carrières je pourrais entreprendre sans avoir à retourner trop longtemps aux études. Rien ne me vint à l'esprit.

À peu près deux ans plus tard, je fus appelé à travailler dans une autre église. Cette offre m'enthousiasmait, mais j'étais triste de quitter une communauté qui avait témoigné tant de soutien et de compréhension envers le jeune pasteur que j'étais. Ces gens m'avaient appris beaucoup de choses, et ils m'assurèrent avec gentillesse que j'avais fait la même chose pour eux. Rétrospectivement, c'est moi qui en avais le plus profité.

Nous étions maintenant arrivés au dernier dimanche, au dernier sermon. Quelques-uns des membres de la chorale, qui avaient pourtant l'habitude d'aller directement au vestiaire après la messe pour enlever leur costume, se mirent en ligne pour me serrer la main et me donner l'accolade. En levant les yeux, j'aperçus Vilas. De grosses larmes coulaient sur son rude visage cramoisi. De ses deux mains, Vilas prit la mienne et me regarda droit dans les yeux :

« Bob, jamais je n'aurais pu passer à travers cette nuit-là sans ta présence. »

Je sus tout ce suite de quelle nuit il parlait, mais je ne comprenais pas du tout pourquoi il jugeait que ma présence avait été si importante. Car cette nuit-là, je m'étais senti indigne de ma tâche et totalement incapable de faire quoi que ce soit d'utile. Cette nuit-là, j'avais douloureusement pris conscience de mon inaptitude à trouver les mots justes, à réagir efficacement au beau milieu de la tempête, à faire pénétrer ne serait-ce qu'un rayon d'espoir dans la souffrance de mon prochain.

Pourtant, Vilas considérait qu'il n'aurait pas survécu à cette nuit sans moi. Comment expliquer que nos souvenirs respectifs de cet événement fussent si diamétralement opposés ?

La vérité, c'est que nous ne faisons pas toujours preuve d'une sagesse transcendante devant les tragédies de la vie. Le vieux dicton qui dit « nous ne sommes que des êtres humains » est trompeur : il évoque une excuse alors qu'en fait, il exprime plutôt une glorieuse célébration de notre gratitude et de notre valeur humaine.

Robert R. BALL

Le plus jeune policier de l'Arizona

La compassion est la loi maîtresse de l'existence humaine.

Fedor DOSTOÏEVSKI

Tommy Austin avait une réputation. Dans son univers, les mensonges étaient monnaie courante. Chacun avait une excuse et sa propre version à raconter. Tommy travaillait pour les douanes en Arizona. Il devait faire preuve de ruse et de ténacité, deux qualités dont il était pourvu.

Chris était un garçon malingre de sept ans, hospitalisé pour leucémie. Sa vision du monde était simple. Ses héros s'appelaient Pancho et John, deux policiers à moto qui parcouraient les autoroutes pour faire le bien. Chris voulait devenir policier comme ces deux vedettes de la télé.

La mère de Chris, Linda, élevait seule son fils. Elle avait déménagé à Phoenix dans l'espoir de recommencer une vie meilleure. En dépit de ce nouveau départ, sa situation empirait.

Un soir, Tommy rendit visite à un ami hospitalisé dans le même hôpital que Chris. Chris le prit par surprise en s'exclamant :

« Police ! Haut les mains ! Vous êtes en état d'arrestation. »

Comme le font souvent les hommes avec les enfants, Tommy joua le jeu ; et comme le font souvent les enfants avec les hommes, Chris lui rendit la pareille avec imagination, innocence et confiance. Tommy eut le désir de lui offrir quelque chose en retour.

Tommy savait que cet enfant gravement malade ne deviendrait jamais le policier qu'il rêvait d'être ; il échafauda donc un plan qui permettrait au garçon de devenir policier. Il demanda l'aide de deux amis de la patrouille routière, Scott et Frank, de quelques amies, de son patron et d'un chef du service de police de l'Arizona.

Le premier jour, Chris fit une promenade dans une véritable auto-patrouille et actionna la sirène. Il vola dans un hélicoptère de la police. Il conduisit une moto de police miniature à piles et gagna ses « galons ». Il reçut une attestation de son statut particulier : « premier et seul policier officiel de sept ans de l'Arizona ». Deux femmes travaillèrent toute une nuit pour lui confectionner un uniforme sur mesure.

Chris réalisa son rêve en trois journées extraordinaires remplies de gloire et d'amour.

Le quatrième jour, Chris demanda à sa mère la permission d'apporter son uniforme à l'hôpital. Scott et Frank épinglèrent sur l'uniforme les « galons » de moto que Chris avait reçus.

Plus tard dans la journée, Chris mourut. Ce n'est pas un enfant que la leucémie faucha tragiquement ce jour-là, mais un « policier ».

Lorsque Linda ramena le corps de son fils dans sa ville natale en prévision des obsèques, la dépouille fut escortée par la patrouille routière de l'Arizona. « Nous enterrons nos frères », expliquèrent les membres de la patrouille. Chris eut droit à des funérailles de policier.

Lowell disait : « L'important n'est pas ce que nous donnons, mais ce que nous partageons. »

Tommy, les patrouilleurs Scott et Frank, la mère de Chris, Linda, et plus de 11 000 volontaires répartis en 82 sections perpétuent aujourd'hui le cadeau de Chris. Depuis 1980, la fondation « Vœu d'enfant », créée dans la cuisine d'une mère affligée, a permis à plus de 37 000 enfants gravement malades de réaliser leurs rêves.

Dans divers pays, plus de 3 000 autres enfants ont pu profiter de l'héritage du « premier et seul policier de sept ans de l'Arizona ».

Michael CODY

3

Le pouvoir de la gratitude

Si la seule prière que vous dites de toute votre vie est un simple « merci », cela suffit.

Maître ECKHART

Une richesse infinie

La meilleure chose que vous puissiez faire pour quelqu'un ne se limite pas à partager avec lui vos richesses, mais à lui faire découvrir les siennes.

Benjamin DISRAELI

Aujourd'hui, je suis la femme la plus riche du monde grâce à une expérience touchante et enrichissante que j'ai vécue au travail. Tout a commencé lorsque mes collègues et moi avons décidé de célébrer différemment la fête de Noël.

J'étais lasse du traditionnel « échange de cadeaux rigolos à moins de 15 dollars », aussi proposai-je quelque chose de différent. « Au lieu de faire un échange de cadeaux, que penseriez-vous de rendre hommage à chacun par un mot d'appréciation ? » demandai-je. Tout le monde accepta avec enthousiasme. Quelques jours avant Noël, je reçus cinq collègues dans mon bureau. Pour commencer, je proposai d'établir quelques règles. Ainsi, la personne dont ce serait le tour de recevoir un hommage ne pourrait dire autre chose que « merci ». Je fis également remarquer qu'il est normal de se sentir embarrassé quand on rend hommage à quelqu'un ou que quelqu'un nous rend hommage, mais ceux qui seraient vraiment trop gênés pourraient le faire en privé. Les moments de silence et les pauses seraient permis ; ils nous donneraient même l'occasion de profiter pleinement du moment.

Lorsque nous préparâmes nos mots d'appréciation, je songeai à tous ces peuples qui utilisent des histoires pour transmettre leur culture, et je me dis que ces gens étaient d'une grande sagesse. Invariablement, chacun de mes collègues qui prit la parole raconta une histoire pour illustrer l'hommage qu'il voulait rendre.

Chacun devait commencer son mot d'appréciation par : « (Nom du collègue), voici ce que ta présence m'apporte... » Pendant que mes consœurs et confrères exprimaient à tour de rôle leur appréciation à un collègue, je vis des aspects de leur personnalité qui m'avaient jusqu'alors échappé. Un de mes confrères rendit hommage à un collègue en lui disant qu'il appréciait la grâce qui émanait de lui. Un autre déclara : « Savoir que c'est toi qui occupes ce poste me rassure ». On entendit également les mots d'appréciation suivants : « Tu me fais présent de ta patience » ; « Je t'apprécie parce que tu sais m'écouter » ; « Quand je t'ai rencontré pour la première fois, j'ai su tout de suite que j'étais à ma place ». Et ainsi de suite. Ce fut un véritable privilège d'assister à cet échange.

Le climat de partage et de solidarité qui régna pendant ces soixante minutes fut prenant. À la fin, personne ne voulut briser le silence ; personne ne voulut rompre le charme. Nous avions partagé des vérités simples, sincères et authentiques. Cela nous avait rendus à la fois plus humbles et plus riches.

Je suis persuadée que nous chérirons longtemps les cadeaux que nous avons échangés ce jour-là. En ce qui me concerne, j'ai trouvé inestimable l'appréciation que mes collègues m'ont exprimée. Pourtant, cela ne nous a rien coûté, si ce n'est l'effort de découvrir les trésors que chacun recèle et de les dire à haute voix.

Christine BARNES

Histoire de baleine

Récompensez les comportements que vous souhaitez voir se reproduire.

Tom PETERS

Vous êtes-vous déjà demandé comment les dresseurs de baleines et de dauphins du parc aquatique Sea World parviennent à faire sauter Shamu, une baleine de 9 000 kg, à sept mètres au-dessus de l'eau et à lui faire faire des tours d'adresse ? Ils font sauter cette baleine par-dessus un câble suspendu à une hauteur qui impressionnerait quiconque. Il s'agit là d'un grand défi, aussi grand que ceux que vous devez relever en tant que parents, entraîneurs ou gestionnaires.

Maintenant, essayez un instant d'imaginer comment le gestionnaire américain moyen s'y prendrait pour réussir ce genre d'exploit. Il y a fort à parier qu'il suspendrait tout de suite le câble à sept mètres au-dessus de l'eau (pourquoi s'encombrer d'étapes !). Dans le jargon de la gestion, c'est ce qu'on appelle l'établissement d'objectifs ou la planification stratégique. Une fois son objectif clairement défini, le gestionnaire doit trouver un moyen de motiver la baleine. Il prend donc un seau rempli de poissons et le place juste au-dessus du câble – il récompensera la baleine seulement si elle réussit à sauter. Ensuite, il donne ses instructions. Sans se mouiller ne serait-ce que le petit orteil, il se penche du haut de son joli perchoir et dit « Saute, baleine ! ».

Et la baleine ne bouge pas d'un iota.

Alors, comment les dresseurs de Sea World s'y prennent-ils ? Leur priorité numéro un consiste à renforcer le comportement que l'animal sera appelé à répéter, en l'occurrence sauter par-dessus un câble. Ils s'assurent que tout dans l'environnement facilitera la tâche de l'animal. Autrement dit, ils font tout pour que *la baleine ne manque pas son coup*.

Pour commencer, ils placent le câble sous la surface de l'eau, dans une position telle que la baleine ne peut pas faire autrement que d'accomplir ce qu'on attend d'elle. Chaque fois que la baleine passe par-dessus le câble, elle reçoit un renforcement positif : on lui donne un poisson, on la caresse, on joue avec elle. Ce qui importe surtout, c'est qu'elle reçoive chaque fois ce renforcement.

Qu'arrive-t-il si la baleine passe *par-dessous* le câble ? Rien du tout. Pas de choc électrique, pas de critique constructive, pas de rétroaction, pas de note négative dans son dossier personnel. Bref, ce qu'on enseigne aux baleines, c'est qu'on ne tiendra pas compte de leur comportement négatif.

Le renforcement positif est la pierre angulaire de ce principe simple qui donne des résultats spectaculaires. Lorsque la baleine commence à sauter plus souvent par-dessus le câble que par-dessous, les dresseurs commencent à augmenter la hauteur du câble. Il faut absolument que la hauteur du câble soit augmentée très graduellement afin que la baleine ne soit privée ni de nourriture ni d'affection.

La leçon toute simple que nous enseignent les dresseurs de baleine, c'est qu'il faut *récompenser généreusement* les bonnes choses, petites ou grandes, que vous souhaitez voir se reproduire.

Deuxièmement, il faut *critiquer avec parcimonie*. Les gens le savent lorsqu'ils manquent leur coup. Ce dont ils ont besoin, c'est qu'on les aide. Si vous critiquez, punissez ou réprimandez avec parcimonie, les gens n'oublieront pas leur erreur et, habituellement, ne la referont plus.

Selon moi, la plupart des entreprises prospères s'y prennent correctement 95 % du temps.

Cependant, à quoi réagissons-nous la majeure partie du temps ? Vous avez compris : ce sont presque toujours les deux, trois, quatre ou peut-être même cinq pour cent des comportements que nous ne voulons pas voir se reproduire et que nous n'avons jamais souhaités qui résonnent le plus en nous.

C'est à nous de créer un environnement propice à la réussite. Récompensez généreusement, critiquez avec parcimonie… et sachez à quelle hauteur monter la barre.

Charles A. COONRADT

Gérer avec cœur

Écoute-moi et comprends-moi.
Évite les reproches même si tu n'es pas d'accord
[avec moi.
Reconnais ce qu'il y a de meilleur en moi.
Rappelle-toi que mes intentions sont bonnes.
Ose me dire la vérité avec compassion.

Hyler BRACEY, Jack ROSENBLUM,
Aubrey SANFORD et Roy TRUEBLOOD

Fais confiance aux autres et ils seront sincères envers toi ; traite-les bien et ils te donneront le meilleur d'eux-mêmes.

Ralph Waldo EMERSON

Le « Prestigieux prix d'un sou »

Ce n'est pas la récompense qui élève l'âme, mais le labeur qui lui a valu cette récompense.

Max HAVELAAR

Tout a commencé à Everett, dans l'État de Washington, à l'époque où mes employés travaillaient à la mise sur pied d'un de nos systèmes administratifs.

Un matin, alors que je traversais le stationnement en compagnie d'un de mes employés, j'ai trouvé une pièce de 1 cent et l'ai ramassée. Pour badiner, j'ai tendu la pièce à mon employé en déclarant : « Je te remets ce prix en reconnaissance de tes efforts. – Merci ! » a-t-il répondu en mettant la pièce dans sa poche.

Environ six mois plus tard, alors que je marchais encore en compagnie de cet employé, cette fois à Los Alamitos, en Californie, j'ai trouvé une autre pièce de 1 cent et je la lui ai donnée.

Peu après, à l'occasion d'une visite à son bureau, j'ai aperçu, collées sur une feuille de papier, les deux pièces de 1 cent. Il m'a expliqué qu'il les avait placées là parce qu'il les considérait comme un symbole de reconnaissance à l'égard de son travail.

Les autres employés en sont venus à remarquer les pièces de 1 *cent* fièrement exposées et se sont mis à me demander pourquoi ils n'en avaient pas reçues.

J'ai donc commencé à distribuer des pièces de 1 *cent* en précisant qu'elles étaient un symbole de reconnaissance et non une récompense. Rapidement, ceux et celles qui en voulaient sont devenus si nombreux que j'ai dû concevoir des plaques pour pièces de 1 *cent*.

Nous utilisons encore cette plaque aujourd'hui. Sur le devant se trouvent une ouverture dans laquelle on peut introduire une pièce de 1 *cent* et, à côté, la phrase suivante : « En reconnaissance de ton travail ». Derrière la plaque, il y a aussi la phrase suivante : « Ta contribution est importante ! » ainsi que des ouvertures pour trente autres pièces de 1 *cent*.

Un jour, j'ai voulu exprimer mon appréciation à une employée qui venait de faire un bon coup, mais je n'avais pas de pièce de 1 *cent* sur moi. Je lui ai donc donné une pièce de 25 *cents*. Un peu plus tard dans la journée, elle est venue me voir à mon bureau pour me remettre 24 *cents* !

Voilà comment est né le « Prestigieux prix d'un sou ». Dans notre entreprise, ce prix est devenu un important symbole de reconnaissance à l'égard des employés.

Gary HRUSKA

Deux bananes mûres

Prenez le temps de vous émerveiller des beautés de la vie.

Gary W. Fenchuk

Pat Beck est une artiste qui travaille la boue, plus précisément l'adobe, un mélange de boue et de paille. Avec l'adobe, elle sculpte des formes enchanteresses d'une élégance rare. Comme beaucoup d'artistes, elle est prise dans un dilemme : vivre de son art dans la pauvreté ou, et c'est ce qu'elle fait parfois, arrondir ses fins de mois avec d'autres revenus.

En 1994, Pat et une amie, Holly, furent embauchées pour travailler à un projet d'art communautaire dans la petite ville de Magdalena, au Nouveau-Mexique. Magdalena est un endroit situé aux confins de la grande plaine de St. Augustine, dans la région de Gallinas Mountains. Magdalena était autrefois une ville minière et un centre ferroviaire, mais sa population compte aujourd'hui à peine 1 000 habitants.

Afin que Pat et Holly puissent commencer leur projet, on leur donna une parcelle de terrain située près des ruines d'un enclos à bestiaux, vestige de l'époque où Magdalena était un important centre d'élevage de bestiaux. Avec l'aide de la population, Holly créa deux énormes vaches et un cow-boy en utilisant uniquement des objets trouvés sur place, par exemple des pièces de chariot, du fil de fer usagé donné par des éleveurs du coin et même des canons de fusils de chasse déterrés de la cour d'un voisin. Pat enseigna aux élèves de l'école secondaire comment fabriquer des briques d'adobe. Avec ces briques, Pat et les habitants de Magdalena fabriquèrent un mur d'adobe. On invita ensuite les élèves de l'école primaire à utiliser de la boue pour créer leurs propres sculptures, lesquelles serviraient à orner le mur.

À mesure que le mur prenait forme, les adultes et les enfants du village venaient défiler devant pour voir la progression des travaux ; on les invitait alors à laisser leurs empreintes, une marque ou leurs initiales sur le mur. En guise de touche finale, on décora le mur avec de l'ocre recueillie dans la réserve Navajo, un élément important de l'histoire de la région. Au total, plus de 300 personnes participèrent au projet.

Un des visiteurs assidus de Pat était un mineur à la retraite, Gene. Presque chaque jour, il apportait à Pat divers objets pour l'aider à comprendre les jours glorieux de l'industrie minière : une photo, des échantillons de minerai, un vieil article de journal.

Un jour, alors que le mur était presque terminé, Gene se pointa pour sa visite habituelle. Dans un élan d'inspiration, Pat sculpta le visage d'un mineur dans le mur. Dans la lampe de mineur sculptée, Pat inséra le morceau de minerai étincelant que lui avait donné Gene. Une fois son travail terminé, elle écrivit le nom de Gene sous la sculpture. Pat et Gene se reculèrent pour contempler la nouvelle création. Puis, sans dire un mot, Gene tourna les talons et s'en alla. Pat se demanda si elle l'avait offensé d'une quelconque façon ; toutefois, dix minutes plus tard, Gene revint avec deux bananes mûres. Toujours sans dire un mot, il les déposa sur le mur où elle travaillait et il repartit.

Pat a reçu bon nombre d'hommages pour son travail et elle continuera d'en recevoir. Cependant, je ne pense pas qu'elle en reçoive un qui soit aussi significatif que ces deux bananes mûres.

Maida ROGERSON

Lill

Les mots gentils peuvent être courts et faciles à dire, mais ils résonnent à l'infini.

Mère TERESA

Lillian était une jeune Canadienne française qui grandit à River Canard, un village de l'Ontario. Lorsque « Lill » eut 16 ans, son père jugea qu'elle était assez instruite et l'obligea à abandonner l'école pour aider financièrement sa famille. En 1922, l'avenir ne s'annonçait guère rose pour une fille peu instruite qui maîtrisait mal l'anglais et qui n'avait aucune habileté particulière à offrir.

Son père, Eugène Bezaire, était un homme sévère ; il acceptait rarement un non comme réponse et n'acceptait jamais les excuses. Il demanda à Lill de trouver du travail. Consciente de ses limites, elle avait peu confiance en elle-même et en sa valeur. Elle se demandait bien quel travail elle pourrait faire.

Malgré son peu d'espoir de trouver un emploi, elle prit chaque jour l'autobus pour aller « en ville », c'est-à-dire Windsor ou Detroit. Toutefois, elle ne trouvait pas le courage de répondre aux offres d'emploi affichées ; elle se sentait même incapable de frapper à une porte. Chaque jour, elle se contentait d'aller en ville, d'y errer sans but et de rentrer chez elle le soir venu. Son père lui demandait alors : « As-tu trouvé quelque chose, Lill ?

— Non papa, pas de chance aujourd'hui », répondait-elle docilement.

Les jours passaient, Lill continuait d'aller en ville et son père continuait de l'interroger sur sa recherche d'emploi. Les questions de son père se faisant de plus en plus pressantes, Lill savait qu'elle allait bientôt devoir se décider à frapper à une porte.

Au cours d'une de ses visites au centre-ville de Detroit, Lill aperçut une affiche dans la vitrine d'une entreprise appelée Carhartt Overall Company. *Secrétaire demandée,* disait l'affiche, *s'adresser à la réception.*

Lill monta la longue volée de marches qui menait aux bureaux de Carhartt Overall Company. Pour la première fois depuis qu'elle cherchait un emploi, elle frappa avec hésitation à la porte. La responsable du bureau, Margaret Costello, l'accueillit. Dans un anglais incertain, Lill lui dit que l'emploi de secrétaire l'intéressait. Elle affirma qu'elle avait 19 ans, ce qui était faux. Margaret sentit que quelque chose clochait, mais elle décida de donner une chance à la jeune fille.

Elle fit visiter à Lill les vieux bureaux de Carhartt Company. Défilant parmi les innombrables rangées d'employés assis derrière d'innombrables rangées de machines à écrire et de calculatrices, Lill eut l'impression que des centaines d'yeux étaient rivés sur elle. Sans enthousiasme, tête et yeux baissés, la petite fille de campagne suivit Margaret jusqu'au fond de la pièce sombre. Puis, Margaret la fit asseoir derrière une machine à écrire et dit : « Voyons maintenant de quoi vous êtes capable. »

Elle demanda à Lill de dactylographier une simple lettre, puis elle s'en alla. Lill jeta un coup d'œil sur l'horloge et vit qu'il était 11 h 40. Les employés étaient sur le point de prendre leur pause du dîner. Elle se dit qu'elle pourrait en profiter pour filer en douce. Toutefois, elle savait qu'elle devait à tout le moins essayer de faire la lettre.

À son premier essai, Lill parvint à dactylographier une phrase de cinq mots. Elle fit quatre fautes. Elle retira la feuille de papier de la machine et la jeta. L'horloge indiquait maintenant 11 h 45. « À midi, songea-t-elle, je me lèverai en même temps que tout le monde et plus jamais ils ne me reverront. »

À son deuxième essai, Lill réussit à dactylographier un paragraphe complet, mais elle fit beaucoup de fautes. De nouveau, elle retira la feuille de papier, la jeta et recommença. Cette fois, elle dactylographia toute la lettre, mais son travail était encore truffé d'erreurs. Elle regarda l'horloge : 11 h 55 – cinq minutes encore et elle serait libre.

Au même moment, une porte au bout de la pièce s'ouvrit et Margaret apparut. Elle alla droit jusqu'à Lill, posa une main sur le bureau et l'autre sur l'épaule de la jeune fille. Après avoir lu la lettre en silence, Margaret s'exclama : « Lill, c'est du bon travail ! »

Lill était stupéfaite. Elle regarda tour à tour la lettre et Margaret. Ces mots d'encouragement eurent raison de son désir de s'enfuir et firent naître en elle un peu d'assurance. Elle pensa : « Si cette femme trouve que mon travail est bon, c'est qu'il doit l'être. Je crois que je vais rester ! »

Lill resta effectivement chez Carhartt Overall Company… pendant cinquante et un ans, le temps de voir défiler deux guerres mondiales, une dépression économique, onze présidents américains et six Premiers ministres canadiens. Tout cela grâce à une femme qui eut la bonté de donner une chance à une jeune fille timide qui avait frappé à sa porte.

Dédiée à Lillian KENNEDY par James M. KENNEDY (fils) et James C. KENNEDY (petit-fils)

L'album souvenir

La vie doit être enrichie de nombreuses amitiés, car le plus grand bonheur est d'aimer et d'être aimé.

SYDNEY SMITH

Enseigner l'anglais au Japon a été une expérience extrêmement gratifiante pour moi. Je me suis rendue dans ce pays en quête de voyages, d'aventures et d'un peu de détente. Miraculeusement, j'ai atteint tous mes objectifs et même davantage. J'ai parcouru l'île principale de Honshu, j'ai rempli les pages de cinq journaux intimes, j'ai lu quelque soixante livres, j'ai écrit quatre nouvelles et je me suis liée d'amitié avec des enseignants et des érudits de partout à travers le monde. On m'a donné beaucoup et j'ai eu la chance de donner en retour.

Ce sont toutefois mes élèves qui forgent mes plus beaux souvenirs : des hommes d'affaires mutés aux États-Unis, des femmes au foyer en quête de nouveaux horizons, des élèves de niveau secondaire qui rêvent d'aller étudier dans une université en Amérique.

Tout au long de cette année où j'ai enseigné, je me suis souvent demandé qui était l'élève et qui était le professeur. Mes élèves ont pris soin de moi, ils m'ont aidée à mieux comprendre la culture japonaise. Ils m'ont applaudie quand j'ai péniblement écrit mes premières lettres en *hiragana*. Ils m'ont accompagnée d'une épicerie à l'autre pendant trois mois pour trouver du beurre d'arachide. Ils m'ont enseigné à plier du papier pour créer un cygne *origami*. Ils m'ont emmenée faire des promenades en bateau. Ils m'ont invitée à des cérémonies du thé traditionnelles. Et pendant l'*omisoka*, le nouvel an japonais, ils m'ont ouvert les portes de leurs foyers et ont préparé des repas en mon honneur. Ils m'ont également fait visiter le temple et m'ont montré comment choisir un biscuit horoscope ; ils se sont ensuite précipités autour de moi en criant : « Toi personne chanceuse. Très chanceuse ! »

Les dernières semaines, alors que je m'affairais aux préparatifs de mon retour aux États-Unis, j'ai croulé sous les réceptions *sayonara* et les cadeaux. Les élèves m'ont littéralement couverte de présents : des sacs à main en soie tissés à la main, des coffrets à bijoux, des mouchoirs de poche griffés, des boucles d'oreilles serties de jade, de la vaisselle de porcelaine ornée d'or. Nous avons chanté jusqu'à en perdre la voix lors d'une séance de *karaoke*, nous nous sommes embrassés, nous nous sommes tenu la main et nous avons échangé d'innombrables adieux. Pendant tout ce temps, je suis parvenue à contenir mes émotions ; en fait, ce sont *eux* qui ont versé des larmes tandis que je les réconfortais et leur promettais d'écrire.

Ce soir est mon dernier soir d'enseignement, et l'année se termine sur une note grandiose en compagnie de ma classe favorite. Ce sont des élèves de niveau avancé ; tout au long de l'année qui vient de s'écouler, nous avons discuté politique, nous avons appris l'argot, nous avons fait des jeux de rôles et nous avons réussi quelque chose de très inhabituel entre gens de cultures différentes : nous avons ri de nos blagues respectives.

Alors que je me prépare pour mon dernier cours, Mika, la directrice de l'école, me demande de venir dans le hall d'entrée. Une fois dans le hall, j'aperçois les employés et quelques élèves qui m'attendent, les yeux brillants d'anticipation. Mika dit qu'elle a un tout dernier cadeau à m'offrir.

Je déballe le cadeau délicatement, car l'emballage est là-bas tout aussi important que le cadeau proprement dit. Le papier glisse lentement entre mes doigts, je me rends compte qu'elle m'offre un album souvenir. Elle me dit qu'elle l'a achevé la veille après des semaines de collaboration avec les élèves. Je vois ses yeux rougis par la fatigue. J'ouvre la première page.

L'album est rempli de photos récentes de tous mes élèves. À côté de chaque photo se trouve une note personnelle rédigée sur un petit carré de papier coloré. Les bouts de papier sont décorés de cœurs, de sourires, de petits visages de chat, de lignes fluorescentes, d'étoiles, de points et de triangles.

Je suis bien placée pour savoir que la rédaction de simples phrases est difficile pour mes élèves. Aussi, pendant que je lis leurs notes, le barrage qui contenait mes émotions commence à se fissurer.

Merci pour ton enseignement gentille.
J'ai trouvé classe intéressante. Peut-être un jour je vais en Amérique.
Je n'oublie pas toi.
J'ai aimé étudier l'anglais.
Merci pour tout ce que tu as fait à moi. Je suis triste que toi repartes en Amérique.
S'il te plaît, garde bons souvenirs du Japon.

Mes larmes commencent à couler. Je cherche les mots qui me sont venus si facilement au cours des dernières semaines. Mes mains effleurent les pages et je trace le contour des visages du bout des doigts. Je referme l'album et je le serre très fort contre mon cœur.

Mes élèves sont tous dans cet album. Je repars pour l'Amérique, mais je les emmène tous avec moi.

Gina Maria JEROME

Un entraîneur dans l'âme

La taille de votre corps compte peu, celle de votre cerveau compte pour beaucoup, mais celle de votre cœur compte par-dessus tout.

B.C. FORBES

À la fin des années 1940, à Cincinnati, Ohio, vivait un petit garçon qui voulait faire partie de l'équipe de football « pee-wee » de l'école élémentaire de son quartier. Le poids minimum exigé était de 32 kg. Le petit garçon ne ménagea aucun effort pour atteindre ce poids. Sachant à quel point le petit garçon voulait faire partie de l'équipe, l'entraîneur l'encouragea à « tricher » en ingérant beaucoup de bananes et de laits maltés la veille des pesées. Rapidement, le garçon fit osciller la balance à 31,5 kg ; on lui accorda alors le bénéfice du doute et il fut admis dans l'équipe.

Tout au long de la saison, l'entraîneur garda sur le banc le petit garçon, histoire de le protéger. Le poids maximum permis par la ligue étant de 54 kg, l'entraîneur ne voulait pas que son petit joueur se fasse blesser par des joueurs plus gros. Toutefois, lors du dernier match de la saison, l'équipe fut à court de joueurs. Pour éviter la disqualification, l'entraîneur n'eut d'autre choix que de faire jouer le petit garçon. Il le fit jouer en défensive à la position de demi de sûreté, croyant ainsi qu'il serait à l'abri des contacts trop brutaux. Pourtant, ce qui devait arriver arriva : au dernier jeu du match, le demi à l'attaque de l'équipe adverse perça la ligne défensive, esquiva les secondeurs et se dirigea droit sur le petit garçon.

Malgré son casque trop grand qui lui tombait sans cesse sur les yeux, le petit garçon aperçut le coureur qui s'approchait de lui. Il s'accroupit, essayant de se préparer à plaquer l'énorme joueur de 54 kg. À mesure que le joueur s'approchait, le petit garçon ne voyait qu'une chose : *Ce gars a du poil sur les jambes !* C'était lui, petit joueur d'à peine 32 kg, qui avait la tâche d'arrêter ce gros joueur poilu. Le moment de vérité arriva : le petit garçon se jeta sur les jambes du demi à l'attaque, parvint à en agripper une et réussit à ne pas lâcher prise pendant que l'énorme locomotive le traînait sur le terrain. Son casque martelant le sol, le petit garçon ne vit que de la poussière jusque dans la zone des buts.

Complètement anéanti par l'expérience, le petit garçon refoula ses larmes et le sentiment d'avoir laissé tomber ses coéquipiers. Toutefois, à sa grande surprise, il vit l'entraîneur et toute l'équipe courir vers lui pour le féliciter. L'entraîneur loua sa ténacité et son courage d'avoir effectué un plaqué contre un joueur beaucoup plus gros que lui. Ses coéquipiers le portèrent en triomphe et le désignèrent « joueur le plus courageux ».

L'entraîneur s'appelait Dan Finley et le petit garçon, c'était moi.

Dans sa jeunesse, Dan, aujourd'hui dans la quarantaine, fut un superbe athlète qui possédait le potentiel pour jouer dans les ligues majeures de base-ball. Toutefois, Dan fut victime de la polio ; pour marcher, il devait porter un appareil orthopédique et une canne. Il décida alors de consacrer toute son énergie à entraîner des enfants. Comme il fut prématurément privé du plaisir de jouer, il voulait aider les jeunes à profiter au maximum du terrain de jeu. Et c'est ce qu'il fait encore aujourd'hui.

Darrell J. BURNETT, Ph.D.

4

Le service et plus encore

Le travail accompli dans un véritable esprit de service est une vocation.

Baha ALLAH, fondateur de la foi Baha'i

Le service bancaire à son meilleur

On a rarement l'occasion de faire de grandes choses pour son prochain, mais on a chaque jour la chance de faire de petites choses pour lui.

Sally KOCH

Lorsque mon fils était un jeune adolescent, lui et son ami traversèrent la ville en autobus pour aller s'acheter des essieux de planche à roulettes. Chacun avait 20 dollars en poche. Une fois arrivés au magasin, ils s'aperçurent qu'ils avaient besoin de plus d'argent pour payer la taxe de vente ainsi que leur voyage de retour en autobus. Il leur manquait 3,75 dollars.

Comme une succursale de notre banque se trouvait juste à côté, ils décidèrent d'y faire un saut pour demander un prêt. La caissière déclara que c'était impossible, mais qu'ils pouvaient obtenir une avance de fonds à partir de la carte de crédit de leurs parents. Les deux garçons téléphonèrent donc à la maison, mais il n'y avait personne. Ils s'adressèrent de nouveau à la caissière pour savoir quoi faire. Elle les dirigea vers le bureau du vice-président. Lorsque celui-ci leur demanda pourquoi la banque devrait leur consentir un prêt, ils répondirent :

« Parce que nous sommes des scouts, que nous sommes de bons élèves et qu'on peut nous faire confiance. »

Le vice-président leur répondit qu'en l'absence de garantie, ils devraient rédiger et signer une reconnaissance de dette. Les deux garçons acceptèrent ; en retour, le vice-président leur prêta l'argent dont ils avaient besoin.

Mon mari et moi découvrîmes par la suite que c'est son propre argent que cet homme merveilleux avait prêté aux garçons. (Mon époux l'appela d'ailleurs le lendemain pour lui demander les mêmes conditions pour notre hypothèque !)

En discutant avec lui, nous apprîmes qu'il avait souvent consenti ce genre de prêt, notamment un important montant à une femme à qui la Marine devait de l'argent. Il nous affirma avoir été remboursé dans presque cent pour cent des cas. Il ajouta que la possibilité d'aider ainsi les gens représentait un des aspects les plus valorisants de son travail.

Le lendemain matin, mon fils et son ami prirent l'autobus pour aller rembourser leur prêt. Ils reçurent en retour la reconnaissance de dette signée par le vice-président.

C'est du service à son meilleur.

Sharon BORJESSON

Le service est le seul moyen de se différencier de la concurrence.

Jonathan TISCH

La passion du travail

Faites ce que vous aimez faire et aimez ce que vous faites, et vous ne travaillerez plus jamais de votre vie.

Auteur inconnu

« Bonjour mesdames et messieurs. Bienvenue à bord du vol 548 de United Airlines qui effectue une liaison directe entre Chicago et Palm Springs. »

Une minute ! Mon esprit s'emballe. Je sais qu'il est encore tôt, 6 h 50 du matin pour être précis, mais j'étais certain que ce vol était à destination de Denver.

« Puis-je avoir votre attention s'il vous plaît ? continue la voix. Je m'appelle Annamarie et je suis la responsable des agents de bord aujourd'hui. En fait, nous nous dirigerons dans un moment vers Denver. Par conséquent, si vous n'allez pas à Denver, il est temps de descendre de l'avion. »

Je pousse un soupir de soulagement. Annamarie ajoute :

« La sécurité est importante pour nous. Veuillez prendre la fiche qui se trouve devant vous et la lire. Allons, que tout le monde prenne sa fiche et la secoue dans les airs. »

70 % des passagers éclatent de rire et font ce qu'Annamarie demande, 20 % dorment encore et 10 % ne sont pas d'humeur à plaisanter.

« Si jamais nous devions atterrir sur un plan d'eau, vous devrez prendre une décision. Vous pouvez soit prier et nager comme des déchaînés, soit vous servir de votre siège comme bouée de sauvetage. »

Environ la moitié des 20 % qui dormaient commencent à sortir de leur torpeur.

« Nous servirons le déjeuner ce matin. Au menu : œufs Bénédictines et crêpes aux fruits frais. Non, je plaisantais, mais ce serait drôlement bon. En réalité, les agents de bord vous offriront le choix entre une omelette et des céréales froides. »

À présent, même les passagers maussades esquissent un sourire. Merci, Annamarie, pour ce vol agréable. Et merci Seigneur pour ces agents de bord qui aiment passionnément leur travail !

Glenn Van EKEREN

Le massage est le message

J'aime cuisiner, surtout quand nous n'avons pas d'invités et, donc, rien à perdre. Dans ces moments-là, je saupoudre la marmite d'un peu de ci et de ça, et si le résultat est désastreux, alors nous nous contentons d'aspirine pour deux ainsi que d'œufs pochés sur pain grillé.

Ce jour-là, toutefois, c'était l'Action de grâce, de surcroît dans un nouveau pays, une nouvelle ville et en compagnie de nouveaux amis. C'était un repas important, tellement en fait que j'avais préparé à peu près tout le dîner à l'avance. Le jour de l'Action de grâce, je me sentais en plein contrôle de la situation. Les tartes étaient prêtes, la dinde était farcie, les patates douces cuisaient et la maison était étincelante comme elle l'est une fois par année. Mais voilà, au début de l'après-midi, je reçus un coup de fil me rappelant que deux de mes invités étaient végétariens. Je suis sûre qu'ils auraient très bien pu survivre avec les légumes et les salades que j'avais préparés, mais je me sentais tellement au-dessus de mes affaires que je décidai de laisser ma dinde rôtir tranquillement et de faire un saut chez Alfalfa, l'épicerie végétarienne du coin, pour y acheter une entrée sans viande.

Nous vivons en pleine campagne. Lors d'une journée achalandée, je suis donc habituée à voir passer devant la maison à peine une voiture à l'heure. Or j'aurais dû me douter qu'en plein jour de l'Action de grâce, beaucoup de gens auraient comme moi des courses de dernière minute à faire. Les rues étaient bloquées et les automobilistes, impatients. Je n'étais même pas encore rendue au stationnement du magasin que je commençais déjà à être en retard ! Toutefois, dès que j'arrivai sur place, les choses changèrent du tout au tout.

Le gérant du magasin était dans le stationnement et dirigeait les gens vers les espaces libres. Je garai ma voiture et entrai en trombe dans le magasin. À l'intérieur, les employés couraient dans tous les sens ; ils proposaient leurs meilleurs produits, offraient des suggestions et aidaient les clients à trouver ce qu'ils cherchaient. Rapidement, je trouvai ce dont j'avais besoin. Malheureusement, même si toutes les caisses enregistreuses étaient en opération, les files d'attente étaient interminables. Je sentis mes dents grincer à la pensée que mes invités trouveraient à leur arrivée une dinde carbonisée et personne pour les recevoir.

L'homme qui se trouvait devant moi dans la file était sûrement paniqué lui aussi, car une jolie jeune femme lui massait le cou et les épaules. « Quel veinard », pensai-je. Au même moment, la femme se tourna vers moi et dit : « Aimeriez-vous avoir un massage du cou et des épaules pendant que vous attendez votre tour ? » Et comment ! Pendant qu'elle me massait et que je recommençais à respirer normalement, je songeai : « C'est vraiment formidable. Une massothérapeute qui fait son travail là où on a le plus besoin de ses services. » Lorsqu'elle termina son massage, je lui demandai combien je lui devais. « Rien du tout, répondit-elle. Les massages sont offerts gracieusement par le magasin. »

Pourrait-on trouver meilleur service ? Le reste de la journée fut du gâteau, ou de la tarte à la citrouille si vous préférez. Et comment évaluerais-je le dîner, sur une échelle de 1 à 10 ? Je dirais environ 14.

Maida ROGERSON

Un extra au menu

Pourquoi vivons-nous si ce n'est pour se rendre mutuellement la vie moins difficile[1] *?*

George ELIOT

Je voyage beaucoup pour mon travail et une des choses que je déteste le plus, c'est de manger seule. De voir les autres rire et bavarder pendant qu'ils mangent fait toujours naître en moi un sentiment de solitude. Parfois, j'éprouve même la désagréable sensation d'avoir l'air d'une femme à la recherche d'une drague. J'ai donc pris l'habitude d'utiliser le service aux chambres, même plusieurs soirs d'affilée, pour éviter cet embarras.

Néanmoins, je finis tôt ou tard par avoir envie de voir du monde. Ma stratégie consiste alors à descendre au restaurant de l'hôtel dès son ouverture ; comme les clients sont encore peu nombreux à cette heure-là, je me sens plus à l'aise.

Un soir, après trois jours de repas en solitaire dans une chambre du Wyndham Hotel de Houston, j'éprouvai le besoin de sortir un peu. Le restaurant de l'hôtel n'ouvrait qu'à 18 h 30, mais j'arrivai à 18 h 25.

Le maître d'hôtel m'accueillit à la porte et me fit remarquer que « j'étais en avance ». Je lui expliquai ma gêne de manger seule dans un restaurant. Il me fit alors entrer et m'assigna une très bonne table. « Vous savez,

1. Extrait du livre *Care Packages for the Workplace : Dozens of Little Things You Can Do to Regenerate Spirit at Work*, McGraw Hill, © 1996.

dit-il, j'ai déjà fait tout ce que j'avais à faire et les clients n'arrivent habituellement pas avant 19 heures. Accepteriez-vous que je m'assoie à votre table un moment ? »

J'étais ravie ! Il prit place et me parla de ses plans de carrière, de ses loisirs, de la difficulté d'allier famille et travail, des sacrifices à faire quand on travaille le soir, la fin de semaine et les jours fériés. Il me montra des photos de sa femme et de ses enfants ; il en sortit même une de son chien ! Au bout d'une quinzaine de minutes, il aperçut quelques clients à la réception et prit congé. Je remarquai du coin de l'œil qu'il s'arrêta un moment à la cuisine avant d'aller accueillir les clients.

Pendant que mon nouvel ami s'affairait à placer les clients qui venaient d'arriver, un des serveurs sortit de la cuisine et vint à ma table.

« La section que je servirai ce soir est dans le fond de la salle, dit-il, je ne serai donc pas occupé avant longtemps. Accepteriez-vous que je m'assoie quelques minutes avec vous ? » Nous eûmes une délicieuse conversation, jusqu'à ce qu'un client s'installe dans sa section et qu'il soit obligé lui aussi de prendre congé.

Peu de temps après, un jeune aide-serveur arriva à l'improviste. Comme les deux autres, il me demanda s'il pouvait me tenir compagnie pendant quelques minutes.

Il parlait à peine anglais, mais comme j'avais enseigné l'anglais en seconde langue, nous eûmes beaucoup de plaisir à parler de son expérience d'immigrant en Amérique. Il m'énuméra toutes les expressions que les employés de la cuisine lui avaient apprises depuis son arrivée au pays (vous imaginez le genre d'expressions...). À un moment donné, les clients se firent de plus en plus nombreux et le jeune homme dut s'excuser pour aller faire son travail.

En fin de compte, avant que je ne quitte le restaurant ce soir-là, même le chef cuisinier prit le temps de sortir de sa cuisine pour me tenir compagnie !

Lorsque je demandai l'addition (environ une heure et demie plus tard), le silence tomba dans le restaurant, et pour cause : tous les employés qui m'avaient tenu compagnie à un moment ou un autre de la soirée s'attroupèrent à ma table. Ils me présentèrent une rose rouge à longue tige et me dirent :

« C'est la plus belle soirée que nous ayons jamais passée dans notre restaurant. » J'éclatai en sanglots ! Cette soirée que je m'attendais à passer seule s'était transformée en expérience merveilleuse, à la fois pour les employés et pour la cliente.

Barbara GLANZ

Le spécialiste

Donnez-vous pour objectif de dépasser les attentes qu'on entretient à votre égard.

Henry Ward BEECHER

Les entreprises qui accordent la priorité aux gens possèdent un avantage sur la concurrence.

Scott JOHNSON

C'était en 1987. Je préparais une allocution pour un congrès qui allait réunir les gérants des comptoirs de poissons et fruits de mer de plusieurs supermarchés. Comme je ne connaissais aucune anecdote concernant la vente de poissons et fruits de mer, je décidai de faire une visite « incognito » au supermarché de mon quartier, histoire de « provoquer » une situation qui me fournirait quelque chose d'intéressant à raconter.

Une fois rendu au comptoir vitré de poissons et fruits de mer, j'entendis une voix me dire : « Puis-je vous aider ? »

Je songeai : *Il ne sait pas ce que je fais ici, mettons ses connaissances à l'épreuve*. Je répondis :

« Vous savez, j'essaie de faire attention à ce que je mange. Je sais que certaines espèces de fruits de mer contiennent un taux élevé de cholestérol et d'autres, peu. Pouvez-vous m'indiquer lesquelles ?

— Monsieur, savez-vous qu'il existe deux types de cholestérol ? » me répondit ce spécialiste des poissons et fruits de mer.

Il se lança alors dans une explication médicale claire et instructive au sujet des différences entre les lipoprotéines de haute et de basse densité. On aurait dit une réincarnation du docteur Marcus Welby.

Pris de court par sa réponse, je poursuivis néanmoins ma petite enquête en vérifiant ses connaissances des produits.

« Je cherche de nouvelles recettes de fruits de mer. Je vis ici à Seattle, où on trouve d'excellents fruits de mer, et pourtant je connais peu de recettes pour les apprêter. Vous comprenez, je suis quelqu'un de très occupé. Pourriez-vous m'aider à choisir un mets facile à préparer ? »

Le spécialiste quitta d'un pas vif son comptoir et me fit signe de le suivre. Nous nous dirigeâmes vers les rayons d'épicerie, plus précisément vers la section des épices. Il prit alors une boîte qui se trouvait en haut de l'étagère et me la tendit en disant :

« Cette épice japonaise est excellente. Très polyvalente. Elle se marie bien avec tous les fruits de mer. Très utile pour commencer. »

Nous retournâmes ensuite au département des fruits de mer. Avant d'arriver au comptoir vitré, il s'arrêta, me regarda droit dans les yeux et dit :

« Monsieur, je veux être certain de bien comprendre ce que vous voulez. Vous cherchez des fruits de mer bons pour la santé et des recettes faciles à préparer ?

— Tout à fait, lui répondis-je.

— J'ai exactement le livre qu'il vous faut. » Il sortit un livre et le plaça à une vingtaine de centimètres de mon visage. Son titre : *Fruits de mer du nord-ouest du Pacifique : recettes santé faciles à préparer.*

Je feuilletai le livre ; on y présentait des recettes qui semblaient délicieuses. Oubliant l'objet de mon enquête mystère, je ne pus m'empêcher de lui commander quelques produits : saumon… flétan… thon… pétoncles ! J'étais sur une lancée.

Pendant que je poussais mon chariot vers la caisse enregistreuse, l'ironie de la situation me frappa : j'étais venu au supermarché dans le but de vérifier les connaissances du gérant des poissons et fruits de mer et de trouver une bonne histoire à insérer dans mon discours, et voilà que je repartais avec plus de produits que je n'en avais jamais achetés en une seule visite.

Ce spécialiste des fruits de mer était beaucoup plus qu'un préposé aux commandes. Il était un expert extraordinaire en résolution de problèmes. Il a eu une influence déterminante sur la qualité de mes repas de poissons et de fruits de mer, sans compter que ce jour-là, il m'a donné l'impression que j'étais le client le plus important du supermarché.

S'il existait une chose telle qu'un temple de la renommée des supermarchés, mon chariot rempli de poissons et de fruits de mer constituerait un vote de confiance pour cet employé dévoué.

Art TUROCK

« Reprenons tout de zéro »

Faites les choses en grand, faites-les bien, faites-les avec style.

Fred ASTAIRE

Il y a quelque temps, j'ai été témoin de ce que je décrirais comme un « service hors pair ». L'histoire s'est produite un samedi, lors d'une froide journée d'hiver à Toronto.

Comme c'est le cas pour beaucoup de familles reconstituées, le week-end commença avec le départ des enfants chez leur mère. Ma femme Kate et moi allions passer une fin de semaine seuls tous les deux. Le samedi fut un moment de détente et de loisir. Nous nous levâmes tard, et tout ce qui se passa cette journée-là fut délicieusement en retard de trois ou quatre heures.

Après avoir fureté dans les boutiques et les galeries d'art, nous arrivâmes à un imposant hôtel quatre étoiles aux environs de 4 heures de l'après-midi, prêts à dîner sur le tard. Le personnel du restaurant se montra des plus accueillants. Kate commanda un mets sauté à la chinoise. Lorsqu'on le lui servit, la véritable aventure commença.

Niché soigneusement dans l'assiette de Kate se trouvait le bout d'un doigt d'un gant de latex. J'appelai la serveuse.

« Qu'est-ce que c'est ? » demanda Kate avec une indignation tout à fait appropriée.

« Je ne suis pas sûre », répondit la serveuse en rapportant prestement l'assiette à la cuisine.

En moins d'une minute, la serveuse revint en compagnie du maître d'hôtel.

« Madame, nous vous prions d'accepter nos excuses les plus sincères pour cette terrible erreur », dit le maître d'hôtel. Un bon début.

« Reprenons tout de zéro, ajouta-t-il. Débarrassez la table », demanda-t-il à la serveuse. Celle-ci se mit alors à enlever tout ce qui se trouvait sur la table : le vin, les ustensiles, mon assiette, la nappe… vraiment tout !

« Effaçons ce mauvais souvenir », déclara le maître d'hôtel.

On remit les couverts, on nous présenta le menu, puis on commanda du vin et de la nourriture. Nous nous apprêtions de nouveau à savourer un fantastique repas.

Le maître d'hôtel fit tout pour corriger la gaffe qui avait été commise. Plutôt que de nier notre mésaventure, il la remplaça par une merveilleuse expérience. La nourriture fut exquise et le service, impeccable. C'était comme au cinéma.

Et le repas fut offert par la maison.

Richard PORTER

« *Ah, Bambini !* »

La bonté est le signe d'un cœur aimant.

Anonyme

Mon mari et moi étions en voyage en Italie avec deux petits bébés et une gouvernante. Nous étions censés rester à tour de rôle avec les enfants afin que chacun puisse avoir la chance de visiter les églises et les musées.

Ce jour-là, cependant, nous partîmes tous les cinq pour Assise car nous disposions d'une seule journée pour y aller et désirions tous ardemment visiter cette ville. Ce fut un matin de rêve au cours duquel nous nous sentîmes comme de joyeux pèlerins. Nous nous racontâmes des histoires à propos de saint François pendant que les bébés roucoulaient et gazouillaient et que nous roulions sur des routes sinueuses.

Toutefois, à la fin de cette journée torride passée à monter et à descendre d'un pas traînant les côtes d'Assise sous le chaud soleil d'Italie, les deux enfants se mirent à pleurer sans arrêt. Un des deux vomissait tandis que l'autre avait la diarrhée. Nous étions irritables et épuisés, sans compter qu'un dernier trajet de trois heures en voiture nous attendait pour retourner à Florence, la ville d'où nous étions partis le matin. Quelque part dans la plaine de Pérouse, nous nous arrêtâmes pour manger dans une petite trattoria.

Un peu embarrassés par notre tenue débraillée et nos enfants bruyants qui ne sentaient pas bon, nous essayâmes de nous faufiler, l'air penaud, dans la salle à manger. Nous espérions parvenir à calmer les enfants juste assez longtemps pour commander quelque chose avant qu'on nous jette dehors.

Le propriétaire nous regarda et marmonna : « Vous attendez ici. » Puis, il retourna dans la cuisine. Nous crûmes un instant qu'il serait peut-être préférable de rebrousser chemin, mais presque aussitôt le propriétaire réapparut en compagnie de son épouse et de sa fille adolescente. Les deux femmes vinrent à notre rencontre, l'air radieux et les bras grands ouverts. Elles prirent nos enfants en s'exclamant : « Ah ! *Bambini !* » Ensuite, elles nous firent signe de nous asseoir à une table dans un petit coin tranquille du restaurant.

Pendant toute la durée d'un long et agréable repas, elles bercèrent les bébés à l'arrière du restaurant, les cajolèrent, rirent et, pour les endormir, leur murmurèrent des berceuses dans cette langue douce et chantante qu'est l'italien. Le propriétaire insista même pour que nous restions prendre un dernier verre de vin pendant que les enfants dormaient.

Tous les parents qui se sont déjà sentis au bout de leur rouleau avec un bébé seront d'accord avec nous : ce jour-là, Dieu nous a envoyé ses anges.

Éditeurs de Conari Press

Le service à la clientèle n'est pas une affaire de Mickey Mouse

Il n'y a pas si longtemps, une de nos préposées à la réception demanda à une cliente qui venait de terminer son séjour au village polynésien de Walt Disney World si elle avait apprécié sa visite. La cliente affirma qu'elle avait passé de merveilleuses vacances, mais qu'à son grand désarroi, elle avait perdu plusieurs pellicules de film non développées. Elle était particulièrement déçue d'avoir perdu les photos qu'elle avait prises de notre Luau, une sorte de banquet en plein air de style polynésien, car c'était un événement qu'elle avait beaucoup aimé.

Avant de continuer, je tiens à préciser que rien dans nos règlements ne nous oblige à remplacer les photos perdues d'un banquet.

Heureusement, la préposée comprenait parfaitement la philosophie Disney qui consiste à prendre soin de la clientèle. Elle demanda à la cliente de lui laisser quelques pellicules de film vierges et l'assura qu'elle s'occuperait du reste.

Deux semaines plus tard, la cliente reçut un colis chez elle. À l'intérieur se trouvaient des photos autographiées de tous les membres de notre troupe polynésienne ainsi que des photos de la parade et des feux d'artifice du parc d'attractions. C'est la préposée elle-même qui avait pris les photos durant ses moments libres, après son travail.

Si j'ai eu vent de cette histoire, c'est parce que la cliente en question nous a écrit. Dans sa lettre, elle disait qu'elle n'avait jamais reçu un service aussi attentionné, toutes entreprises confondues.

Si nos clients reçoivent un tel service, ce n'est pas parce qu'il est inscrit dans le manuel des politiques de la maison. C'est parce que notre personnel est dévoué et que notre culture d'entreprise encourage l'excellence et la met en pratique.

Valerie OBERLE vice-présidente Service
à la clientèle de Disney University

Un coup de main

Nous avons tendance à mesurer la réussite à l'importance de notre salaire ou à la grosseur de nos voitures plutôt qu'aux liens que nous cultivons avec les autres.

Martin LUTHER KING Jr

Nous nous trouvions, moi, ma femme et ma fillette de deux ans, isolés dans un camping couvert de neige de la région de Rogue River Valley, dans l'Oregon, de surcroît avec un véhicule prêt à rendre l'âme.

Nous avions entrepris ce voyage dans le but de souligner la fin de ma deuxième année de résidence ; malheureusement, mes toutes nouvelles connaissances de la science médicale ne m'étaient d'aucune utilité pour réparer cette camionnette de camping que nous avions louée.

Cet incident est vieux de vingt ans, mais le souvenir que j'en ai gardé est aussi clair qu'un ciel sans nuages de l'Oregon. Je venais tout juste de me réveiller et j'essayai à tâtons d'allumer la lampe, mais peine perdue. Je tentai alors d'actionner le démarreur, en vain. Lorsque je sortis de la camionnette, mes jurons furent heureusement couverts par le bruit des rapides d'une rivière située juste à côté.

Mon épouse et moi en vînmes finalement à la conclusion que nous étions victimes d'une panne de batterie et qu'il valait mieux que j'utilise mes jambes plutôt que mes connaissances en mécanique automobile. Je décidai de franchir à pied les nombreux kilomètres qui nous séparaient de la route principale, laissant derrière ma femme et ma fille.

Deux heures et une cheville tordue plus tard, j'arrivai à la route principale. Je hélai un camion qui me prit à son bord et me déposa à la première station-service que nous rencontrâmes.

En me dirigeant vers la station-service, je me rappelai avec désolation que nous étions dimanche matin. La station-service était fermée. Toutefois, il y avait un téléphone public et un annuaire en lambeaux. J'appelai le seul garage de la ville voisine, située à une trentaine de kilomètres de distance.

C'est un certain Bob qui répondit. Il m'écouta raconter notre mésaventure. « Pas de problème, me dit-il après avoir noté l'endroit où je me trouvais. D'habitude, je ne travaille pas le dimanche, mais je serai là dans environ une demi-heure. » J'étais soulagé qu'il accepte de venir, mais je songeai aussi aux conséquences monétaires de son aide.

Bob arriva dans une étincelante dépanneuse rouge, puis nous nous rendîmes au camping. En sortant du véhicule, je me retournai et, stupéfait, je le vis descendre de sa dépanneuse avec des appareils orthopédiques et des béquilles. Il était paraplégique !

Il se dirigea vers notre camionnette de camping et, de nouveau, je me surpris à calculer mentalement le coût de ses services.

« Ouais, la batterie est morte. Un petit survoltage et le tour est joué. »

Pendant que la batterie se rechargeait, Bob amusa ma fillette avec des tours de magie. Il sortit même une pièce de 25 *cents* de derrière son oreille et la lui offrit.

Quand il rangea enfin son matériel dans la dépanneuse, je m'approchai pour lui demander combien je lui devais.

« Rien du tout, répondit-il à mon grand étonnement.

— Je veux vous dédommager, insistai-je.

— Non, répéta-t-il. Quand j'étais au Viêt-nam, un type m'a sorti d'un pétrin autrement plus grave qui m'a coûté mes jambes. Tout ce qu'il m'a dit, c'est qu'un jour, ce serait à mon tour d'aider quelqu'un. Vous ne me devez rien. Tout ce que je vous demande, c'est de faire la même chose lorsque quelqu'un aura besoin de vous. »

Maintenant, transportons-nous vingt ans plus tard dans mon cabinet de médecin achalandé où il m'arrive souvent de recevoir des stagiaires en médecine.

À cette époque, Cindy, une étudiante de deuxième année qui fréquentait une faculté de médecine d'une autre région du pays, faisait un stage d'un mois à ma clinique afin de pouvoir demeurer chez sa mère qui habitait non loin. Nous venions tout juste de terminer une consultation avec un patient dont la vie avait été détruite par l'abus de drogues et d'alcool. Nous étions installés au poste des infirmières pour discuter des traitements possibles quand soudain, les yeux de Cindy se remplirent de larmes. « Ce type de cas vous rend peut-être mal à l'aise ? demandai-je.

— Non, répondit-elle en sanglotant. Seulement, ce patient pourrait très bien être ma mère. Elle souffre du même problème. »

Pendant la pause du dîner, nous nous retirâmes dans la salle de conférences et Cindy me raconta le cas tragique de sa mère alcoolique. Douloureusement, elle m'ouvrit son cœur et me parla de toutes ces années de colère, de honte et d'hostilité qui avaient marqué sa vie familiale.

J'offris à Cindy l'espoir d'un traitement pour sa mère et nous prîmes des dispositions pour que celle-ci rencontre un intervenant compétent. Après y avoir été fortement incitée par les autres membres de la famille, la mère de Cindy consentit à suivre un traitement. Elle fut hospitalisée durant plusieurs semaines et en ressortit transformée.

La famille de Cindy avait frôlé la désintégration ; pour la première fois, elle voyait un peu de lumière au bout du tunnel. « Comment pourrai-je un jour vous payer en retour ? » demanda Cindy.

Me remémorant alors la camionnette en panne, le terrain de camping enseveli sous la neige et le bon Samaritain paraplégique, je sentis qu'une seule réponse s'imposait : « Lorsque quelqu'un aura besoin de vous, donnez-lui un coup de main. »

Kenneth G. DAVIS, M.D.

Un exemple à suivre

L'histoire se passe en 1978. Ma voiture avait besoin de réparations que je ne pouvais pas faire moi-même. Comme le garage où j'allais d'habitude était fermé, j'avais le redoutable défi de trouver un mécanicien compétent et honnête. Cela me tracassait, car les mécaniciens ont la réputation, peut-être injustifiée, d'être des artistes de la fraude. Heureusement, mon ami Dave me recommanda quelqu'un : Mécanique D.

À mon agréable surprise, je découvris que le propriétaire de Mécanique D était un mécanicien qui avait déjà réparé mon automobile quelques années auparavant. À l'époque, il travaillait dans une station-service près de chez moi. Nous n'avions échangé que quelques mots, mais je savais qu'il avait fait du bon travail.

Je remplis les papiers nécessaires pour effectuer la réparation et j'attendis pendant que D parlait au téléphone avec un client. Pour passer le temps, j'explorai du regard son petit bureau. Un article de journal encadré attira mon attention. Il avait pour titre : *Un fermier de la région abat tout son troupeau*. L'article portait sur la réaction d'un producteur laitier de la cinquième génération au scandale du lait contaminé qui avait secoué l'État du Michigan, il y avait de cela quelques années. Apparemment, les vaches laitières avaient été infectées par une maladie qui compromettait les approvisionnements de lait. Face à une situation qui se détériorait, les autorités avaient décidé de tester toutes les vaches du Michigan pour déterminer lesquelles étaient porteuses de la maladie. Le lobby du lait avait protesté et obtenu une injonction contre l'État, et tout indiquait qu'une longue bataille juridique serait nécessaire pour résoudre le conflit. Entre-temps, les producteurs laitiers pouvaient continuer à vendre leur lait ainsi que leur bétail pour la viande.

Le producteur laitier de la cinquième génération jugea que ce plan ne lui convenait pas et opta pour une autre solution. Il paya de sa propre poche pour faire tester ses vaches. Dans tout le troupeau, on ne trouva que quelques vaches infectées ; cependant, comme on ne pouvait pas assurer que les autres vaches étaient saines, le fermier fit abattre son troupeau et disposa des carcasses d'une manière qui ne posait aucun danger pour l'environnement et l'eau. Les assurances refusèrent toutefois de couvrir ses pertes, étant donné que l'État ne lui avait pas donné l'ordre formel d'abattre son troupeau. Lorsqu'on l'interrogea sur le motif de son geste, le fermier répondit : « Parce que c'était la bonne chose à faire. »

Je demandai à D pourquoi il avait accroché cet article au mur ; peut-être était-il parent avec le fermier ou le connaissait-il. Il me répondit qu'il n'avait jamais rencontré cet homme, mais que son histoire était une source d'inspiration en matière *d'intégrité, de confiance et d'honnêteté*. Il ajouta qu'il gérait son entreprise de mécanique automobile conformément à ces valeurs. Si un jour on parlait de lui, il voulait que ce soit de la même façon qu'on avait parlé de cet homme.

J'étais maintenant doublement impressionné, à la fois par l'histoire du fermier et par celle de D. L'année suivante, sur mon conseil, mon fils commença un stage de neuf mois chez Mécanique D. Je voulais que mon fils soit l'apprenti de D non seulement parce que D était un bon mécanicien, mais aussi parce qu'il était honnête et intègre. Puisse-t-on dire la même chose de moi un jour.

Dennis J. McCauley
soumise par Charmian Anderson, Ph. D.

Un véritable professionnel

Tout labeur qui contribue au mieux-être de l'humanité est noble et important et doit être accompli avec une excellence assidue.

Martin LUTHER KING Jr

J'étais venu par avion à Dallas dans le seul but de rencontrer un client. Comme le temps c'est de l'argent, j'avais prévu de m'en tenir à un rapide aller-retour à partir de l'aéroport.

Un taxi rutilant s'arrêta devant moi. Le chauffeur se précipita pour m'ouvrir la porte du passager et s'assura que j'étais confortablement installé avant de refermer la porte. En prenant place derrière le volant, il me dit que le journal qui se trouvait à côté de moi, un exemplaire soigneusement plié du *Wall Street Journal*, était à ma disposition. Ensuite, il me montra quelques cassettes en me demandant quel genre de musique j'aimerais entendre. Je n'en croyais pas mes oreilles ! Je regardai autour, persuadé que j'étais victime des *Insolences d'une caméra*. Vous auriez assurément fait la même chose !

« Ça crève les yeux que vous tirez une grande fierté de votre travail, dis-je au chauffeur. Vous avez sûrement une histoire intéressante à raconter. »

Évidemment qu'il avait une bonne histoire. « J'ai longtemps travaillé dans la grande entreprise, me raconta-t-il, mais je suis devenu las de ce milieu. Peu importent mes efforts, mon travail n'était jamais assez bon, jamais assez rapide, jamais digne d'être souligné. J'ai alors décidé de trouver une voie où je serais fier de donner le meilleur de moi-même. Je savais que je ne serais jamais un grand concepteur de fusée spatiale ; toutefois, j'aime conduire des voitures, rendre service, sentir que je me suis donné à cent pour cent pendant toute ma journée de travail. »

Après avoir fait le bilan de tout ce qu'il possédait, cet homme avait décidé de devenir chauffeur de taxi. « Mais pas n'importe quel chauffeur de taxi, ajouta-t-il. Un véritable professionnel du taxi. Je sais très bien que je pourrais être un bon chauffeur de taxi en me contentant de répondre aux besoins de mes clients. Mais si je veux être un excellent chauffeur de taxi, je dois aller au-delà des attentes des clients. Le mot *excellent* sonne mieux à mes oreilles que le mot "moyen" ».

Inutile de dire que je lui laissai un généreux pourboire. Ce que la grande entreprise américaine a perdu, c'est moi qui en ai profité !

Petey PARKER

L'exemple n'est pas le principal moyen d'influencer les autres. C'est l'unique moyen.

Albert SCHWEITZER

Les mercredis matin avec Elvis

Ceux qui sèment les germes de la bonté jouissent d'une récolte perpétuelle.

Anonyme

J'ai travaillé comme femme de ménage pendant quatorze ans. La vieille Mme Avadesian fut une de mes clientes préférées. C'était une femme pleine de vigueur, toujours prête à rebondir, son chignon blanc virevoltant dans tous les sens. J'ignore quel âge elle avait à l'époque, mais je sais qu'elle a mis en terre le dernier survivant de ses six enfants il y a quelques années. De leur vivant, tous ses enfants ont reçu des prestations de la sécurité sociale à un moment ou à un autre de leur existence.

Par ailleurs, je connaissais un des petits secrets de Mme Avadesian, un secret que même ses enfants et ses amis ignoraient. C'était notre petit secret à nous deux.

Mme Avadesian était folle d'Elvis.

Je fis cette découverte de manière inattendue, un matin où, en entrant dans le salon, je la surpris à cacher quelque chose derrière son dos.

« Mon Dieu ! » bégaya-t-elle en reculant.

Nous restâmes plantées l'une devant l'autre pendant ce qui me sembla une éternité. Elle lança des regards à gauche et à droite, puis, de manière hésitante, elle me regarda comme pour s'assurer de la loyauté et de la camaraderie que je pouvais lui témoigner. Mon regard sembla la rassurer, car son visage s'illumina.

Elle décida de me confier son petit secret. Elle sortit de derrière son dos la couverture d'un numéro de 1956 de la revue *Teen Magazine* : on y voyait une photographie défraîchie d'Elvis, qui semblait nous lancer son fameux sourire de « Roi du rock and roll ». Je regardai Mme Avadesian. Ses joues avaient rosi.

À partir de ce moment, Elvis vint nous visiter tous les mercredis matin chez Mme Avadesian. À 9 heures précises, j'arrivais dans sa vieille maison victorienne avec mon matériel d'entretien et je la trouvais devant la fenêtre du salon, à faire les cent pas. Elle portait ses plus beaux atours : une robe de mariée blanche brodée d'organza, un rang de perles teintées et des mules en satin rose.

Ces matins-là, elle aimait que ses cheveux flottent sur ses épaules. Épingle par épingle, elle défaisait son chignon, laissant tomber des vrilles de cheveux argentés autour de son visage. La peau blanche de sa figure tranchait avec les couleurs criardes qu'elle appliquait : rouge à lèvres d'un rose perle chatoyant, fard à paupières magenta, fard à joues rouge tomate.

Elle m'attendait dans le petit salon pendant que j'accomplissais mes tâches. Une fois mon ménage terminé, j'allais directement vers son vieux tourne-disque, je fouillais dans le sac où je rangeais mes articles de nettoyage et j'en retirais notre nouveau trésor : une copie éraflée, mais parfaitement utilisable, des « Grands succès » d'Elvis que j'avais acquise de haute lutte dans une vente de débarras.

Ensuite, j'allais retrouver Mme Avadesian, je prenais sa petite main, je faisais la révérence et je l'emmenais sur le plancher de danse. Après une mesure ou deux,

Elvis était parmi nous. Nous pouvions maintenant nous déchaîner tous les trois.

Pendant qu'Elvis hurlait son amour brûlant, la robe de mariée de Mme Avadesian tournoyait dans tous les sens tandis que ses mules de satin rose s'agitaient sur le tapis.

Nous étions dans tous nos états, criant à en perdre haleine et sautant sans arrêt. Lorsque nous étions à la veille de nous évanouir, Elvis augmentait le rythme avec « Jailhouse Rock ». Il était infatigable. Il nous épuisait. Nous l'implorions à même les paroles de sa chanson : « *don't be cruel.* »

En guise d'apothéose, Elvis nous chantait une sérénade passionnée. D'un grand geste, je prenais alors Mme Avadesian dans mes bras et je l'entraînais dans une valse tout autour du salon. À tour de rôle, nous menions la danse au son de « Love Me Tender ».

Chaque mercredi matin et jusqu'à la fin de ses jours, Mme Avadesian se laissa tendrement aimer par Elvis.

Joy CURCI

Comment garder ses clients... à tout prix

Seuls ceux qui prennent le risque d'aller trop loin peuvent découvrir jusqu'où ils peuvent aller.

T.S. ELIOT

La réussite d'une entreprise réside d'abord et avant tout dans la satisfaction des clients. Un client satisfait est un client fidèle qui n'hésite pas à vous recommander à ses amis. De plus, il coûte beaucoup moins cher de conserver un client que d'en trouver un nouveau pour remplacer celui qui est parti pour cause d'insatisfaction. En effet, la perte de clientèle est le plus souvent due à des promesses non tenues. Pour conserver ses clients, la règle numéro un, la plus importante, est simple :

« Quand vous faites une promesse, qu'elle soit explicite ou implicite, faites de votre mieux pour la respecter, quel qu'en soit le coût. »

J'étais chez moi, à Colombus en Ohio, profondément endormi. Aux environs de 2 heures du matin, la sonnerie du téléphone me réveilla : c'était un de mes clients. À 9 heures ce matin-là, c'est-à-dire dans sept heures, je devais faire une présentation à Marco Island, en Floride ; en fait, j'étais censé être à Marco Island depuis la veille. La panique s'empara de moi. Pour une raison que j'ignore, j'avais cru à tort que ce rendez-vous était prévu dans deux jours.

Comment avais-je pu faire une telle erreur ? Mais cela n'avait plus aucune espèce d'importance. Le problème le plus important pour l'instant, c'était que je devais prononcer une allocution en Floride dans quelques heures, que je me trouvais à plus de mille cinq cents kilomètres de cet endroit et sans aucun moyen imaginable de m'y rendre à temps.

Avec frénésie, je fouillai dans les Pages jaunes pour trouver un avion nolisé. J'appelai six ou sept entreprises, mais aucune n'était ouverte à deux heures du matin ! Finalement, je pus en rejoindre une. C'était une entreprise de transport ambulancier aérien. Mon interlocuteur me demanda de lui expliquer l'urgence. Je lui racontai que si je n'étais pas à Marco Island à 7 heures précises, mon client allait me tuer. Je lui demandai s'il pouvait m'y transporter. En guise de réponse, il me demanda si j'étais détenteur d'une carte American Express. Je lui donnai mon numéro de carte et il m'assura qu'il n'y avait aucun problème. Grâce à leur biréacteur, je serais à Marco Island pour 7 heures.

Je rappelai mon client pour lui annoncer que j'avais nolisé un jet, à mes propres frais, et que je serais sur place à 7 heures. Mon client soupira de soulagement avant de me dire qu'un chauffeur m'attendrait à l'aéroport de Marco Island.

Aux environs de 3 heures du matin, je passai en coup de vent à mon bureau pour rassembler mes affaires, j'achetai une bouteille de 2 litres de boisson gazeuse diète et je me dépêchai d'aller attendre l'arrivée de mon avion ambulance. Dans l'intervalle, je bus toute la bouteille de boisson gazeuse.

Après environ 40 minutes de vol, le liquide que j'avais ingurgité me donna une envie impérieuse d'uriner. Je découvris alors que le jet était très bien équipé (il y avait même une infirmière du nom de Sandy), mais il manquait… une toilette, et je n'allais pas être capable d'attendre encore 90 minutes. Il n'y avait rien qui puisse m'aider, ni bassin hygiénique, ni bouteille ou contenant. Pas de problème, Sandy avait une solution : une sonde urinaire. C'était hors de question.

Je demandai alors aux pilotes comment ils s'y prenaient durant les voyages de longue durée. L'un d'entre eux fouilla dans sa serviette en cuir et en sortit un sac de plastique muni d'une fermeture à glissière. Il enleva les bâtonnets de carotte qui s'y trouvaient et me tendit le sac, en prenant soin de me donner un conseil très important : « Lorsque vous le refermerez, assurez-vous que les bandes jaune et bleu tournent au vert. »

L'avion arriva à destination peu avant 8 heures. Alors que je m'apprêtais à descendre de l'avion, le pilote me demanda la durée de mon séjour. Je réfléchis : mon allocution durerait quarante-cinq minutes, puis je me livrerais à une séance de signature de livres. Selon mes calculs, tout serait terminé aux environs de midi. « Parfait, répondit-il. Nous vous attendrons. » Un service formidable, non ? Et le voyage de retour était gratuit.

La limousine m'amena à l'hôtel où j'eus amplement le temps de me rafraîchir et de me préparer. Je donnai ensuite une des meilleures conférences de toute ma vie. Tout marcha comme sur des roulettes. Pure adrénaline.

Le client, extrêmement impressionné, apprécia mes efforts pour respecter mes engagements coûte que coûte. Parlant de coût : la facture s'éleva à 7 000 dollars ! Pour tourner le fer dans la plaie, on ajouta une taxe d'accise de 10 % parce que mon billet était un billet de passager. Si j'avais accepté que Sandy m'installe une sonde, j'aurais été considéré comme un passager médical... une économie de 700 dollars ! Et la cerise sur le gâteau, c'est que je n'avais même pas droit aux points bonus accordés aux grands voyageurs.

Jamais je n'oublierai cette aventure, encore moins la facture. En revanche, mon client était aux anges et je bénéficiai par la suite de nombreuses retombées sur le plan professionnel. Le bouche à oreille me permit également d'accroître ma visibilité, sans compter que je disposais maintenant d'une histoire personnelle formidable à raconter lors de mes conférences.

Il est toujours rentable de donner priorité aux besoins d'un client... même si le prix est élevé.

Jeff SLUTSKY

On mesure la valeur d'un homme à sa capacité d'assumer ses responsabilités.

Roy L. SMITH

Un petit quelque chose de plus

Voici une règle simple mais extrêmement efficace : donnez toujours plus que ce à quoi les gens s'attendent.

Nelson BOSWELL

On me raconta un jour qu'un concessionnaire automobile de ma ville natale, Albuquerque, vendait en moyenne six à huit voitures neuves par jour, six jours par semaine. Qui plus est, on disait que 72 % des gens qui allaient pour la première fois chez ce concessionnaire revenaient pour une deuxième visite. (À l'époque, le pourcentage des secondes visites était d'environ 8 %, tous concessionnaires d'Albuquerque confondus.)

Cela m'avait intrigué. Comment un concessionnaire automobile parvenait-il à inciter 72 % des gens à revenir ? Et, surtout, comment réussissait-il à vendre six à huit voitures par jour dans un marché en pleine récession ?

Lorsque j'entrai chez le concessionnaire Saturn d'Albuquerque un vendredi, il y a quatre ans, aucun des employés ne me connaissait ; pourtant, ils me dévoilèrent leur politique de fixation des prix, leur marge de profit sur chaque modèle et les revenus du personnel. Ils me permirent même d'examiner leur manuel de formation et m'invitèrent à revenir le lendemain si je désirais en savoir davantage (une invitation que j'acceptai volontiers).

Je découvris que ce concessionnaire (comme d'ailleurs tous les concessionnaires Saturn) avait une politique qui excluait le marchandage. Autrement dit, le prix affiché sur le pare-brise est le prix que vous payerez pour la voiture. Point à la ligne. Inutile même de négocier des tapis d'auto gratuits. Saturn respecte sa promesse d'offrir des voitures de grande qualité à prix raisonnable.

De plus, les consultants en vente de Saturn (c'est ainsi qu'ils désignent les employés qui traitent directement avec les clients) ne reçoivent aucune commission : ce sont des salariés. Cela signifie que lorsque vous entrez dans le hall d'exposition, vous n'êtes pas assailli par ce que j'appelle des vendeurs « affamés ».

Je poussai ma recherche un peu plus loin en me rendant chez d'autres concessionnaires d'Albuquerque. Il s'avéra que les Ford Escort, LTD et Thunderbird, de même que les Mercury Marquis, étaient également vendues « sans marchandage ». Comme me l'expliqua Bruce Sutherland, qui travaillait chez Richardson Ford :

« Nous perdions du terrain face à Saturn à cause de leurs politiques de prix et de salaire. » Il ajouta : « Si toute l'industrie faisait ce que Saturn fait, non seulement aurions-nous un revenu décent, mais nous jouirions d'une meilleure réputation. »

Le dimanche, lendemain de ma deuxième visite au magasin Saturn (le terme « magasin » vient d'eux), ma femme Jane et moi nous promenions à pied comme nous le faisons souvent. C'était un matin du mois de juin et Jane glissa tendrement sa main dans la mienne en me disant d'une voix douce :

« Je ne sais pas si tu y as pensé, mais c'est aujourd'hui le cinquième anniversaire de ma victoire sur le cancer. »

En effet, cinq ans auparavant, on avait diagnostiqué un cancer du sein chez ma femme et elle avait dû subir une intervention chirurgicale.

Je restai coi, en partie parce que j'étais embarrassé d'avoir oublié cet anniversaire, mais aussi parce que... j'avais l'impression que nous consacrions tout notre temps à gagner notre vie sans jamais prendre le temps de profiter de nos gains.

Je ne savais comment réagir aux paroles de Jane. Je lui parlai tendrement. Toute la journée. Je l'invitai à dîner. Ce fut une journée agréable, intime.

Le lendemain, lundi, Jane partit travailler à l'école où elle enseignait. Pour ma part, encore frustré de mon incapacité de faire quelque chose pour souligner ce cinquième anniversaire, je fis le geste le plus impétueux de toute ma vie : j'achetai une nouvelle Saturn. Et j'achetai aussi tous les accessoires que l'usine de Springhill, au Tennessee, fabrique pour cette voiture. Tous, sans exception.

Je décidai de ne choisir ni la couleur ni le modèle, mais je payai comptant en expliquant aux employés que je reviendrais avec Jane, le mercredi suivant à 16 h 30, pour choisir couleur et modèle. Je leur confiai la raison de mon achat en précisant que c'était un secret et qu'ils ne devaient pas en parler à Jane.

Le mardi matin, je me rappelai que Jane avait toujours désiré posséder une voiture blanche. J'appelai donc mon consultant chez Saturn et lui demandai s'il avait une voiture blanche en magasin. Il répondit qu'il en restait une, mais il ajouta qu'en raison de la forte demande, il ne pouvait me garantir qu'elle serait toujours disponible mercredi à 16 h 30. Je lui dis que je prenais le risque et lui demandai de la placer dans le hall d'exposition.

Le mercredi arriva, mais un imprévu m'empêcha de mettre mon plan à exécution : un membre de notre famille avait été admis à l'hôpital. Finalement, il me fallut attendre jusqu'au samedi. À 9 h 30 ce matin-là, après avoir raconté un énorme mensonge à Jane pour la faire sortir de la maison, nous nous rendîmes chez le concessionnaire. Lorsque je me garai dans le parking de Saturn, Jane me demanda d'un ton exaspéré :

« Qu'est-ce que tu fais ? Tu m'avais promis de me ramener immédiatement à la maison.

— Désolé, lui répondis-je, je viens de me souvenir que je dois prendre quelque chose ici pour ma conférence de la semaine prochaine au Club Kiwanis. »

Jane n'avait jamais mis les pieds dans un magasin Saturn. Lorsqu'elle franchit la porte d'entrée, c'est Dieu qui guida ses pas. Elle aperçut tout de suite le petit coupé blanc qui se trouvait pourtant de l'autre côté du hall d'exposition. Elle traversa le hall sans même regarder les autres voitures, puis elle monta dans la petite Saturn blanche.

« Quelle belle petite voiture, s'exclama-t-elle. J'aimerais bien avoir une nouvelle auto. – Non, répondis-je. Pas avant que Charlie ait terminé ses études. » Notre fils, Charlie, étudiait à l'université New South Wales, à Sydney, en Australie (imaginez les frais de scolarité...). « J'en ai assez de conduire la vieille Dodge, je veux une nouvelle voiture. » Je rétorquai : « Je te le promets. Il ne reste que trois autres semestres et Charlie aura son diplôme. »

Jane sortit alors de la voiture et se dirigea vers le capot. En passant devant, elle poussa le cri le plus strident que j'aie entendu en vingt-neuf ans de mariage.

Avant de vous expliquer pourquoi Jane cria si fort, laissez-moi vous raconter ce que le consultant avait fait. Il avait commandé un grand écriteau sur lequel un professionnel avait gravé, en lettres blanches sur fond bleu, un message, suivi du logo Saturn. L'écriteau tenait tout seul sur le capot du petit coupé blanc. On pouvait y lire :

Félicitations, Jane. Cette voiture t'appartient. Cinq ans sans cancer, il faut célébrer ça ! De la part de Milt, Billy et l'équipe Saturn.

Tous les employés de Saturn Albuquerque avaient signé leur nom au dos de l'écriteau. Toujours est-il que Jane vit l'écriteau, poussa un cri, s'effondra dans mes bras et éclata en sanglots. Je ne savais pas quoi faire. Je pleurais. Je sortis la facture qu'on m'avait remise le lundi précédent, la dépliai et pointai du doigt le coupé blanc.

« Non, ma chérie, cette voiture n'est pas la tienne. C'est celle-là que je t'ai achetée », lui dis-je en montrant du doigt la facture. Jane répondit : « Non, je veux celle-ci. » Charlie, qui était en congé et nous accompagnait, insista : « Non, maman. Ce que papa veut dire, c'est qu'il t'offre une voiture encore mieux équipée. » Jane insista à son tour : « Vous ne comprenez pas. C'est cette voiture-ci que je veux, et pas une autre. »

Plongé en pleine discussion, je remarquai que nous étions seuls dans le hall d'exposition. Notre consultant s'était arrangé pour que nous vivions ce moment dans l'intimité. Les mécaniciens, les employés de bureau, la réceptionniste, les membres de la direction et tous les consultants avaient quitté le magasin, pour respecter le caractère sacré de l'événement.

En fait, notre intimité n'était pas complète puisque de nombreuses personnes nous regardaient à travers la vitrine du hall d'exposition. Lorsque Jane avait crié et s'était effondrée dans mes bras, je les avais vues applaudir et pleurer. Les clients qui arrivaient au magasin à ce moment n'avaient pas le droit d'entrer tout de suite : les employés les amenaient à l'écart et leur expliquaient ce qui était en train de se passer.

Ce jour-là, c'est au volant de la voiture qui se trouvait dans le hall d'exposition que Jane revint à la maison.

Au fil des ans, j'ai raconté cette histoire aux États-Unis, en Australie et en Indonésie en guise d'exemple de service légendaire.

Un jour, après avoir assisté à une de mes conférences à San Francisco, une femme d'Anchorage, en Alaska, fit un appel interurbain au concessionnaire Saturn d'Albuquerque pour acheter une nouvelle voiture. Comme le dit Ken Blanchard :

« Les histoires qu'on raconte à notre sujet suffisent à nous démarquer de la concurrence. »

Milt GARRETT proposée par Ken BLANCHARD

5

À l'écoute de son cœur

Votre but consiste à découvrir votre vocation
et à vous y consacrer corps et âme.

BOUDDHA

Miss Lilly

J'ignore quelle sera votre destinée, mais je sais une chose : seuls ceux qui auront découvert comment aider leur prochain seront véritablement heureux.

Albert SCHWEITZER

Les gens qui me connaissent depuis longtemps ont du mal à croire que je travaille dans un centre de soins pour personnes âgées. Ils auraient encore plus de mal à me croire si je leur disais à quel point j'aime mon travail.

C'est probablement parce qu'ils se souviennent encore très bien de l'époque où notre groupe de catéchèse du dimanche organisait chaque semaine une messe dans un centre de soins : j'étais toujours la dernière à me porter volontaire. Ceux qui me connaissent depuis plus longtemps se rappellent aussi que j'avais peu de patience envers un voisin âgé ; je disais alors que toutes les personnes âgées étaient « ennuyeuses à mourir ».

Tout cela, c'était avant ma rencontre avec Miss Lilly. Miss Lilly a changé beaucoup de choses dans ma vie. Depuis que je la connais, je ne pense plus du tout la même chose au sujet des aînés de notre société, au sujet des centres de soins et, même, au sujet de la vie.

À l'époque où je posai ma candidature au centre de soins de ma région, j'avais entendu beaucoup de commentaires négatifs au sujet de l'endroit. J'avoue que si je cherchais un emploi dans ce centre de soins, c'était uniquement parce qu'il était situé tout près de chez moi. Après tout, il me serait toujours possible de démissionner.

Lorsque je me présentai à la réception pour demander une formule de demande d'emploi, la secrétaire me répondit qu'ils avaient effectivement besoin d'une aide-infirmière. « Avez-vous votre diplôme ?

— Pas encore », lui répondis-je en me demandant bien ce qu'il fallait faire pour l'obtenir. Elle me tendit un formulaire de demande d'emploi et me conduisit dans une pièce ensoleillée. Je m'assis à une table parmi une vingtaine de dames âgées. Elles faisaient une séance d'exercices sous la direction d'une femme peu souriante qui parlait d'une voix monotone. Vêtue d'un pantalon noir et d'un chemisier gris des plus ternes, la femme manifestait autant d'enthousiasme qu'un criminel montant à l'échafaud.

Je me demandai quel poste elle occupait. Puis, juste au moment où j'allais écrire « aide-infirmière » sur la ligne qui mentionnait « poste demandé », la femme lut une lettre à voix haute. « Chère directrice des activités », lut-elle. Voilà quel était son poste. Sur la formule de demande d'emploi, j'écrivis donc « directrice des activités » au lieu d'« aide-infirmière ». J'étais convaincue de pouvoir faire mieux que cette grincheuse : je savais sourire et ma garde-robe était autrement plus colorée !

Au chômage depuis quelque temps, j'avais pris la mauvaise habitude de me lever tard. Un matin, à 8 h 05, la sonnerie stridente du téléphone me réveilla. La dame à l'autre bout du fil me dit d'une voix enjouée et pleine d'assurance : « J'ai entre les mains votre formule de demande d'emploi. Nous allons bientôt ouvrir un nouveau service. Quelles sont vos compétences ? »

Faisant de mon mieux pour avoir l'air éveillé, je lui répondis : « J'ai déjà enseigné », sans toutefois préciser que c'était à des élèves du primaire vingt ans auparavant.

« Quand pourriez-vous venir nous rencontrer ? » demanda-t-elle.

Je me redressai dans mon lit. « Dans une heure. Je peux venir dans une heure. »

Depuis ce matin-là, ma vie a changé. Je ne vis plus uniquement pour moi-même. Dès mon réveil, je pense aux pensionnaires du centre de soins. Est-ce que Billie va mieux ? Comment va M. Wilson ? Janie sortira-t-elle de l'hôpital aujourd'hui ?

Les pensionnaires du centre de soins où je travaille sont dans mes pensées et dans mon cœur ; ces gens esseulés et vulnérables ont tous une histoire à raconter et de l'amour à donner. Je n'ai encore jamais rencontré une personne âgée qui soit « ennuyeuse à mourir ».

La première pensionnaire que je pris en affection fut Miss Lilly, une dame seule dont tous les proches étaient décédés, sauf une nièce. Miss Lilly n'était pas particulièrement comblée par la nature. Elle avait les épaules carrées, de grosses mains et de grands pieds renversés. Elle passait ses journées assise dans un fauteuil gériatrique bleu. Elle bavait constamment, et sa bouche entrouverte laissait voir quelques dents cassées et tachées ainsi que des gencives rougies. Ses cheveux épars et gris acier partaient dans tous les sens, avec deux mèches hirsutes sur son front. Mais surtout, Miss Lilly ne parlait jamais.

J'avais vu sa nièce à plusieurs reprises. Chacune de ses visites à Miss Lilly se déroulait de la même façon. Elle restait debout devant le fauteuil bleu et disait : « Votre chèque est arrivé et j'ai payé vos factures. »

Jamais de petit mot gentil, jamais de geste tendre, jamais de marque d'affection.

Rien de surprenant à ce que Miss Lilly se fût réfugiée en elle-même, loin d'un monde qui lui semblait sûrement cruel et indifférent. Les mois passaient, et Miss Lilly disparaissait peu à peu dans son fauteuil bleu. En fait, elle dépérissait. Comme je passais de plus en plus de temps près d'elle, je pus constater qu'elle ne mangeait pas bien. Je me mis donc à sauter ma pause de dîner pour la nourrir. Voyant qu'elle aimait beaucoup la gelée et les puddings, je lui en apportais des portions additionnelles. Je lui parlais sans cesse – de la température, de l'actualité, de tout ce qui me venait à l'esprit. Parfois, je lui tenais la main.

Un jour, à mon grand étonnement, elle parla. « Penchez-vous », me dit-elle. Je m'accroupis tout de suite près d'elle. « Prenez-moi dans vos bras et faites semblant que vous m'aimez », murmura-t-elle. Moi, aimer Miss Lilly ? Je n'y avais jamais pensé. Je la pris dans mes bras et je sentis mon cœur se gonfler d'amour.

Depuis, il y a eu beaucoup de Miss Lilly dans ma vie et il y en aura encore beaucoup d'autres. Les personnes âgées n'ont pas seulement besoin de gentillesse et de soins ; elles ont besoin d'amour. J'aime chacune de mes journées de travail et je partage tout avec les pensionnaires : ma vie, mes petits-enfants, mes joies et mes peines. Eux partagent avec moi leur passé, leur peur de l'avenir, leur famille et, surtout, leur amour.

Ma garde-robe comprend toutes les couleurs de l'arc-en-ciel. Je me suis même déjà déguisée en clown et en lapin de Pâques. Je porte de petits flamants roses et de jolies truites mouchetées comme boucles d'oreilles. Les pensionnaires adorent !

Aujourd'hui, je considère les centres de soins comme des clubs de loisirs pour les aînés. Les centres de soins sont des endroits merveilleux où les *sages* de notre société peuvent trouver affection, compagnie et plaisir.

Ma mission consiste à utiliser leurs vies pour forger des souvenirs que je chérirai demain. Nous aimons chanter ensemble, rire et jouer à des jeux, comme si demain n'existait pas. Et parfois, c'est le cas.

J'ai écrit le poème suivant le lendemain du décès de Miss Lilly :

Quand j'ai pris sa main et murmuré son nom,
Elle a ouvert de grands yeux fatigués.
J'ai alors vu son âme dans son regard
Ainsi qu'une solitude démesurée.
J'ai serré ses doigts décharnés dans les miens,
Sa peau glacée s'est peu à peu réchauffée.
L'amour dont elle a rempli mon cœur,
Je peux encore aujourd'hui le partager.

Joyce Ayer BROWN

Vous êtes l'incarnation de votre désir le plus profond.
Votre désir détermine votre volonté.
Votre volonté détermine votre pouvoir d'agir.
Votre pouvoir d'agir détermine votre destinée.

Brihadaranyaka Upanishad IV.4.5

Sachant que Dieu choisit toujours le meilleur moment,
Je garde espoir et demeure patient.

JOHN GREENLEAF WHITTIER

Ma vocation

Je n'ai que moi-même à offrir, mais je suis là. Je ne peux pas tout faire, mais je peux faire quelque chose. Et je ne refuserai pas de faire ce quelque chose que je peux faire.

Helen KELLER

C'était une journée bien ordinaire du printemps 1950. On m'avait demandé d'assister à une réunion avec le directeur de l'école de médecine où je travaillais comme médecin traitant. Le directeur ne m'avait pas précisé le motif de la réunion. Lorsque j'arrivai dans son bureau, je fus étonnée de le trouver en compagnie de cinq couples. Je pris place en me demandant ce que ces gens pouvaient bien avoir en commun.

En fait, c'était un problème qu'ils avaient en commun : parents d'enfants retardés, ils ne trouvaient dans la grande ville de New York aucun établissement de soins capable de répondre aux besoins particuliers de leurs enfants.

Lorsque ces parents me racontèrent leur histoire, je fus stupéfaite d'apprendre qu'on les avait traités incorrectement, mal conseillés et humiliés ; tout cela parce que leurs enfants étaient retardés et ne « valaient » pas la peine qu'on les traite comme les autres êtres humains aux prises avec des problèmes médicaux. Jusqu'à présent, tous les hôpitaux universitaires avaient refusé de leur venir en aide. La demande de ces parents était pourtant simple : ils souhaitaient qu'on reçoive chaque semaine leurs enfants pour traiter les problèmes médicaux associés à leur état.

L'histoire de ces parents me toucha. J'avais honte de l'attitude qu'avaient eue mes confrères. Je me surpris à leur dire que j'allais mettre sur pied une clinique hebdomadaire d'une matinée pour eux et leurs enfants. Au moment où je leur annonçai cette décision spontanée, je ne me doutais pas le moindrement du monde qu'elle allait transformer ma vie.

C'est ainsi que je devins responsable de la toute première clinique au monde expressément conçue pour répondre aux besoins physiques des enfants retardés. Les parents aux prises avec ce problème se firent chaque semaine de plus en plus nombreux à venir me consulter. J'essayai pendant un certain temps de répondre aux besoins de tous ces parents en une seule matinée par semaine, mais je fus bientôt complètement débordée. Que devais-je faire ? Je trouvai difficile de faire un choix : consacrer ma vie professionnelle à ces enfants ou démissionner ? Inutile de dire que je décidai de me vouer à la cause de ces laissés-pour-compte.

Cette réunion imprévue du printemps 1950 me mena loin. Peu à peu, je devins porte-parole, clinicienne, chercheuse, administratrice et initiatrice de programmes. Les cinq couples du début fondèrent pour leur part la National Association for Retarded Citizens. Jimmy Carter, alors président des États-Unis, me nomma première directrice du National Institute of Handicapped Research.

Au fil des années, j'ai sondé les profondeurs de mon âme pour trouver des moyens d'améliorer la qualité de vie de ces personnes. J'ai dit oui un jour... et j'ai trouvé ma vocation.

Margaret J. GIANNINI, M.D.

Un pur coup de chance

Il y a une vitalité, une force vive, une énergie, un influx qui vous traverse et se transforme en action ; et puisque vous êtes unique au monde, l'expression de cette action l'est également.

Martha GRAHAM

Quand j'avais 15 ans, j'annonçai à mes camarades de classe que j'allais un jour écrire et illustrer mes propres livres. La moitié d'entre eux ricanèrent ; l'autre moitié se tordirent de rire.

« Ne sois pas ridicule. Seuls les génies deviennent écrivains, renchérit mon professeur d'un air suffisant. Et ta note est D ce semestre-ci. »

Je me sentis si humiliée que j'éclatai en sanglots. Ce soir-là, j'écrivis un poème court et triste qui parlait de rêves brisés, puis je le fis parvenir au journal *Capper's Weekly*. À mon grand étonnement, ils le publièrent et m'envoyèrent deux dollars. J'étais une écrivaine publiée et payée ! Je montrai le journal à mon professeur et à mes camarades de classe. Ils se moquèrent encore de moi.

« C'est un pur coup de chance », affirma mon professeur.

Or j'avais eu un avant-goût du succès : j'avais vendu le tout premier poème que j'avais jamais écrit. C'était mieux que ce qu'aucun d'eux n'avait réussi, et la possibilité que ce fut réellement un « pur coup de chance » ne me dérangeait pas du tout.

Au cours des deux années qui suivirent, je vendis des douzaines de poèmes, de lettres, de blagues et de recettes. Lorsque je terminai mes études secondaires (avec une moyenne de C moins), j'avais déjà quelques albums remplis de mes textes publiés. Je ne parlai plus jamais de mes ambitions à mes professeurs, à mes amis ou à ma famille. Ils n'étaient que des tueurs de rêves. Si vous devez un jour choisir entre vos amis et vos rêves, choisissez toujours vos rêves.

Heureusement, vous trouverez peut-être quelqu'un qui vous encouragera à poursuivre vos rêves. C'est ce qui m'est arrivé un jour. « C'est facile d'écrire un livre, me dit ma nouvelle amie. Tu es capable de le faire.

— Je ne sais pas si je suis assez intelligente, lui répondis-je en ayant soudain l'impression que j'avais de nouveau 15 ans et qu'on se moquait de moi.

— Ce que tu dis est absurde ! N'importe qui peut écrire un livre s'il le veut vraiment. »

J'avais alors quatre enfants dont le plus vieux avait seulement quatre ans. Ma famille et moi élevions des chèvres dans un endroit très reculé de l'Oklahoma. Chaque jour, je devais m'occuper de mes quatre enfants, de la traite de nos chèvres, des repas, du lavage et du jardinage. D'accord, pas de problème.

Pendant que les enfants faisaient la sieste, je tapais sur ma vieille machine à écrire. J'écrivais ce que je ressentais. Je terminai mon premier livre en neuf mois, comme une grossesse.

Après avoir choisi un éditeur au hasard, j'enveloppai mon manuscrit dans un emballage de couches Pampers vide, seul emballage que je pus trouver (de toute façon, je n'avais jamais entendu parler d'emballage pour manuscrit). Mon texte était accompagné de la lettre suivante : « J'ai écrit ce livre moi-même.

J'espère qu'il vous plaira. J'ai également dessiné les illustrations. Les chapitres 6 et 12 sont mes préférés. Merci ! »

J'attachai le paquet avec de la ficelle, puis je le postai sans enveloppe de retour et sans avoir fait une copie du manuscrit ! Un mois plus tard, je reçus un contrat, une avance sur mes droits d'auteur et la proposition de commencer un nouveau livre.

Crying Wind devint un best-seller, fut traduit en quinze langues ainsi qu'en braille et fut vendu dans plusieurs pays. J'étais invitée à des émissions de télévision le jour et je changeais des couches le soir. Je voyageai un peu partout aux États-Unis et au Canada pour faire la promotion de mon livre. Ce premier livre devint également une lecture obligatoire dans les écoles autochtones du Canada.

Il me fallut six mois pour écrire mon deuxième livre. Cette fois, j'enveloppai mon manuscrit dans la seule boîte vide qui me tomba sous la main : une boîte qui avait déjà contenu un jeu de société (je n'avais toujours pas entendu parler d'emballage pour manuscrit). *My Searching Heart* devint également un best-seller. Mon troisième roman, *When I Give My Heart*, fut écrit en trois semaines seulement.

Ma pire année comme écrivaine fut celle où je gagnai deux dollars (j'avais 15 ans, vous vous rappelez ?). Ma meilleure année fut celle où je gagnai 36 000 dollars. La plupart du temps, mon revenu annuel se situe entre 5 000 et 10 000 dollars. Je sais, ce revenu n'est pas suffisant pour faire vivre une famille, mais je ne gagnerais pas davantage en travaillant à temps partiel, et c'est de toute façon 5 000 à 10 000 dollars de plus que si je n'écrivais pas du tout.

Les gens me demandent quelle université j'ai fréquentée et quels diplômes je possède. Ma réponse : je ne suis pas allée à l'université et je n'ai aucun diplôme. J'écris, tout simplement. Je ne suis ni un génie, ni une surdouée, ni une bonne écrivaine. Je suis paresseuse, je ne m'astreins à aucune discipline rigoureuse et je consacre plus de temps à mes enfants et à mes amis qu'à l'écriture.

Je me suis procuré mon tout premier dictionnaire de synonymes il y a quatre ans, et j'utilise un petit dictionnaire que j'ai payé 1,30 dollar. Je me sers d'une machine à écrire électrique que j'ai payée 129 dollars il y a six ans. Je n'ai encore jamais utilisé d'ordinateur.

C'est moi qui m'occupe des repas, du ménage et du lavage pour les six membres de ma famille, et j'écris dans les quelques moments libres que je trouve ici et là. J'écris tout à la main sur des feuilles jaunes pendant que je regarde la télé avec mes quatre enfants en mangeant de la pizza. Lorsque mon livre est terminé, je le tape à la machine et je l'envoie à l'éditeur.

J'ai écrit huit livres. Quatre ont été publiés et trois sont encore sur le bureau d'un éditeur. L'autre est vraiment mauvais.

À tous ceux et celles qui rêvent d'écrire, je dis : « Oui, vous le pouvez ! Oui, vous le pouvez ! N'écoutez pas ceux qui vous disent le contraire ! »

Je ne suis pas l'écrivaine parfaite, mais j'ai fait mentir les prévisions des pessimistes. Écrire, c'est facile et amusant. N'importe qui peut écrire. Évidemment, les purs coups de chance ne nuisent pas…

Linda STAFFORD

Un rêve qui refuse de mourir

N'oubliez jamais que votre propre volonté de réussir l'emporte sur toute autre considération.

Abraham LINCOLN

D'aussi loin que je me souvienne, j'ai toujours été fascinée par la beauté. Pour une jeune fille qui grandissait dans la morne uniformité des interminables champs de maïs de la région d'Indianapolis, la mode et les cosmétiques étaient une évasion des plus séduisantes. Chaque fois que je regardais toutes ces publicités des magazines de mode, tous ces mannequins ravissants à la peau parfaite et impeccablement maquillée, tous ces corps de déesses superbement vêtus, je me sentais transportée dans des lieux exotiques qui n'existaient que dans mes rêves.

Les publicités de Revlon étaient particulièrement magnifiques. Le seul problème, c'est que ces publicités ne montraient jamais de femmes de couleur comme moi. Malgré cela, quelque chose en moi me disait que j'allais un jour réaliser mon rêve et faire carrière dans l'univers de la mode.

À cette époque, très peu de compagnies se donnaient la peine de mettre sur le marché des produits de beauté conçus pour les femmes de race noire. J'avais cependant entendu parler de C.J. Walker, la première Noire américaine à être devenue millionnaire. Cette femme était originaire de ma ville natale. Au tournant du siècle, avec deux dollars et un rêve, elle était devenue riche en créant sa propre gamme de produits capillaires expressément conçus pour les femmes de couleur comme elle.

Toujours est-il que je fis mes études universitaires en hygiène publique. Je trouvai rapidement un emploi auprès d'un des chefs de file de l'industrie pharmaceutique et je devins la première Américaine de race noire à vendre des produits pharmaceutiques en Indiana.

Les gens n'en revenaient pas que j'aie accepté cet emploi, car une femme de couleur qui vendait des encyclopédies de porte en porte venait tout juste d'être assassinée dans ma région. En fait, au début, lorsque j'allais rencontrer des médecins pour leur vendre des produits pharmaceutiques, ils me regardaient comme si je venais d'une autre planète.

À la longue, toutefois, ma marginalité tourna à mon avantage. Les médecins et les infirmières se souvenaient de moi, surtout que je me faisais un devoir de faire mon travail encore mieux que les autres. En plus de vendre des produits pharmaceutiques, je vendais à mes clients des biscuits de scouts et je conseillais les infirmières en matière de maquillage. Les gens avaient hâte de me revoir, non seulement parce que je faisais les choses différemment, mais parce que nous avions du plaisir lors de mes visites.

Deux ans après mes débuts, j'avais brisé plusieurs records de vente. On me nomma même « Meilleure représentante de commerce » de mon entreprise, un titre jusque-là réservé à mes collègues masculins de race blanche. Malheureusement, alors que je m'attendais à recevoir un bonus pleinement mérité, la compagnie décida de subdiviser le territoire et d'embaucher un beau grand blond à ma place. C'est lui qui allait profiter des fruits de mon labeur ; moi, on m'assignait une autre région où tout était à faire. Au cours de cette période, j'eus l'impression que mon rêve de faire carrière chez Revlon devenait inaccessible.

Découragée et désabusée, je pliai bagage et déménageai à Los Angeles. Puis, un dimanche où je fouillais avec espoir dans les annonces classées du *Los Angeles Times*, j'aperçus enfin ce que j'attendais depuis toujours : une offre d'emploi de Revlon qui demandait une directrice régionale. Je me sentis littéralement revivre.

Le lundi matin, dès l'ouverture des bureaux, je me jetai sur le téléphone. À l'autre bout du fil, la dame me répondit que Revlon n'acceptait plus de *curriculum vitae* parce qu'ils en avaient déjà trop reçu.

J'étais anéantie. Une amie chère à moi m'encouragea cependant à ne pas baisser les bras : « Marilyn, je sais très bien que tu ne vas pas laisser passer cette occasion. Va les voir. » Soudainement inspirée, déterminée à transformer ce défi en aventure, je me rendis à l'hôtel Marriott où Revlon menait les entrevues. Lorsque j'arrivai, un commis m'informa que je ne pourrais pas avoir d'entrevue et que M. Rick English n'acceptait plus de CV. Je m'éloignai le sourire aux lèvres : j'avais réussi à obtenir le nom de l'homme à qui je devais m'adresser.

Je décidai d'aller dîner au restaurant de l'hôtel afin de réfléchir tranquillement à ma prochaine stratégie. Évidemment, avant de quitter le restaurant, je ne pus m'empêcher d'expliquer ma situation à la caissière. Elle prit immédiatement le téléphone et demanda dans quelle chambre se trouvait M. English. « Chambre 515 », m'annonça-t-elle ensuite. Mon cœur battait la chamade.

Je me rendis devant la chambre 515, récitai une prière et frappai à la porte. Aussitôt que M. English ouvrit la porte, je dis : « Vous n'avez pas encore rencontré la meilleure candidate car vous n'avez pas encore eu l'occasion de me parler. »

L'air étonné, il me répondit : « Attendez que je termine cette entrevue et je vous recevrai. » Lorsque j'entrai enfin dans la chambre, il était clair que ce poste était pour moi. On me donna l'emploi.

Ma première journée de travail chez Revlon se déroula comme dans un rêve. On m'avait embauchée pour mettre sur le marché une nouvelle gamme de produits capillaires destinés aux gens de couleur. Trois ans plus tard, la population réclamait des produits capillaires naturels non testés sur les animaux.

Puisque la demande existait, je décidai de saisir l'occasion – comme me le dictait mon instinct – et je mis sur pied ma propre entreprise de produits cosmétiques.

Jusqu'à présent, mon entreprise m'a permis de réaliser mes ambitions. La satisfaction que j'en retire est impossible à décrire. Je crois vraiment qu'il ne faut jamais renoncer à ses rêves et à ses espérances. Malgré les obstacles, on doit rester convaincu qu'on est né pour accomplir quelque chose d'unique. Il suffit d'avoir le courage de suivre son instinct. Lorsque je le fais, je ne m'attends à rien de moins qu'à un miracle.

Marilyn JOHNSON KONDWANI

Les biscuits de Debbie Fields

Si un homme écrit un meilleur livre, donne un meilleur sermon ou invente un meilleur piège à rat que son voisin, le monde se frayera un chemin jusqu'à lui même s'il vit au fond des bois.

Ralph WALDO EMERSON

Debbie Fields se trouve à une réception en compagnie de son mari, Randy Fields, économiste et futurologue bien connu. Âgée d'à peine 19 ans, Debbie a quitté son emploi pour se consacrer à son rôle d'épouse, mais son estime de soi en a pris un coup. Les invités font mille flatteries à Randy et sollicitent son point de vue sur l'avenir économique du pays. Par contre, quand ces mêmes invités apprennent que Debbie est une femme au foyer, ils cherchent aussitôt un prétexte pour lui fausser compagnie. Ils traitent Debbie comme une nullité.

Vers la fin de la soirée, l'hôte de la réception se met à bombarder Debbie de questions. Debbie essaie alors d'être ce qu'elle n'est pas, c'est-à-dire sophistiquée, urbaine, astucieuse. Au bout d'un moment, l'hôte prend un ton exaspéré et demande à Debbie : « Qu'avez-vous l'intention de *faire* dans la vie ? »

Épuisée par les questions de l'homme, Debbie marmonne nerveusement : « Eh bien, j'essaie surtout de prendre ma voie.

— On dit *trouver* sa voie, répond sèchement l'homme. On ne dit pas *prendre* sa voie. Utilisez la bonne expression. »

Debbie est dévastée. Sur le chemin du retour, elle pleure sans arrêt, mais sa blessure l'exhorte à prendre la résolution suivante : jamais, plus *jamais* on ne l'humiliera ainsi. Elle ne vivra plus jamais dans l'ombre de quelqu'un. Elle trouvera quelque chose à faire.

Oui, mais quoi ?

Il y a une chose que Debbie a toujours aimé faire : d'excellents biscuits aux pépites de chocolat. Depuis qu'elle a commencé à faire la cuisine à l'âge de 13 ans, elle a essayé et modifié de nombreuses recettes, augmentant la quantité de beurre, réduisant la quantité de farine, ajoutant plus de chocolat ou incorporant différentes sortes de chocolat, jusqu'à ce qu'elle trouve LA combinaison parfaite, celle qui donne des biscuits tendres, gorgés de beurre et tellement remplis de chocolat qu'une seule pépite de plus les ferait s'effondrer.

Debbie a donc l'idée suivante : elle va ouvrir un petit magasin et vendre ses biscuits.

« Ce n'est pas une bonne idée », lui disent les collègues de son mari, la bouche pleine de biscuits. « Non, ça ne marchera pas », prédisent-ils en léchant leurs doigts dégoulinants de chocolat. « Trouve une autre idée », insistent-ils. Randy aussi est de cet avis. Et le gérant de banque qu'elle rencontre pense la même chose.

Néanmoins, à 9 heures du matin le 18 août 1977, à l'âge de 20 ans, Debbie ouvre les portes de Mrs. Fields' Chocolate Chippery à Palo Alto en Californie. Le seul hic, c'est que personne ne vint acheter des biscuits ce matin-là. Vers midi, Debbie est désespérée. « Je décidai alors que si je fermais boutique, j'allais le faire sans perdre la face », raconte aujourd'hui Debbie. Elle dispose donc des biscuits sur un plateau et sort de son magasin pour les offrir aux clients du centre commercial où se trouve son commerce. « Personne ne voulait mes biscuits », dit Debbie. Ne se laissant pas décourager, elle sort dans la rue et se met à prier les passants de goûter à ses biscuits.

Sa tactique fonctionne. Quand les gens goûtent à ses biscuits, ils les aiment tellement qu'ils se rendent au magasin de Debbie pour en acheter. À la fin de la journée, Debbie a vendu pour 50 dollars de biscuits. Le deuxième jour, elle en vend pour 75 dollars. L'entreprise de Debbie est lancée pour de bon.

« Je dois ma réussite à une expression mal utilisée, *prendre ma voie* », continue Debbie.

Aujourd'hui, Debbie Fields est présidente de Mrs. Fields, Inc. et elle aime toujours autant les biscuits aux pépites de chocolat. Chef de file dans le secteur des biscuiteries, son entreprise compte plus de 600 magasins et 1 000 employés. Les ventes de Mrs. Fields Cookies s'élèvent à plusieurs millions de dollars. Mère de cinq enfants, Debbie fait connaître sa philosophie gagnante à des gens d'affaires de partout à travers le monde.

Celeste FREMON, de *Moxie Magazine*

Prise de conscience

C'est lorsqu'on se trouve en face de la vérité qu'on se découvre enfin.

Pearl BAILEY

Ma vie allait bien. Je dirigeais un bureau régional à Denver pour une entreprise qui faisait partie de la liste des 500 entreprises du magazine *Fortune*. Je conduisais une voiture fournie par la compagnie, je faisais beaucoup d'argent, j'étais mon propre patron, maître de mon horaire.

Mais voilà, je m'ennuyais à mourir. J'avais découvert un nouveau type de stress : celui causé par une occupation qui ne m'enthousiasmait pas et dont je ne retirais aucun plaisir. Je me rendais au bureau à 10 heures du matin pour éviter les embouteillages et je quittais à 16 heures pour la même raison. Si on enlève aussi les deux heures que je prenais pour dîner et une autre heure que je perdais à me tourner les pouces, on peut dire que je travaillais trois heures par jour.

À cette époque, mon épouse me suggéra de retourner à l'université pour faire des études supérieures. Je suivis son conseil, et ma vie se transforma à jamais.

J'avais la bosse des affaires et j'étais très à l'aise avec un tableur et une calculatrice. Toutefois, comme mes expériences passées m'avaient enseigné que les gens étaient tous aussi différents les uns des autres qu'imprévisibles, j'avais décidé de ne plus m'en faire avec les personnes qui travaillaient sur les mêmes projets que moi. J'étais résolu à aller de l'avant sans me laisser distraire.

C'est à cette époque que Leonard Chusmir entra dans ma vie. Chusmir, un ancien cadre de Knight-Ridder, m'apprit beaucoup de choses. Il me fit prendre conscience que les gens importaient plus que je ne le croyais. Il m'enseigna à tenir compte des difficultés personnelles que les gens vivaient. Il m'incita à comprendre le « pourquoi » du comportement des autres. Son enseignement ne portait pas sur la capacité d'analyser les autres mais sur la capacité de m'analyser moi-même.

Puis, je fis la connaissance de Bruce Fitch, un homme qui suivait des cours du soir comme moi. Bruce était directeur d'un programme de développement professionnel pour Outward Bound School au Colorado. Ce genre d'école offre des programmes dont l'objectif est le dépassement de soi par toutes sortes d'activités physiques qui sortent de l'ordinaire. Bruce me demanda de participer à un de leurs prochains programmes. Il s'apprêtait à recevoir un groupe de cadres supérieurs fortunés, et il croyait que mon expérience du monde des affaires pourrait compléter l'expertise de ses instructeurs en alpinisme.

Je me retrouvai donc dans un des décors les plus enchanteurs du monde en compagnie de gestionnaires chevronnés provenant d'entreprises listées par le magazine *Fortune*. Nous fîmes de la randonnée et de l'escalade et nous passâmes ensemble des heures inoubliables.

Je me liai d'amitié avec le plus expérimenté des cadres supérieurs qui participaient au programme. Une fois, il me proposa de faire une promenade. Ce soir-là, sous un ciel clair étoilé, la lune nous guidait.

Je me sentais le plus comblé des hommes lorsque, soudain, mon ami se mit à pleurer. Ses épaules tressaillaient sous ses sanglots ; il semblait inconsolable. Je connaissais bien le monde des affaires, pas le cœur humain. Nous étions à des kilomètres du camp de base et je ne savais vraiment pas quoi faire.

Au bout d'un moment, il se mit à m'expliquer qu'il menait une vie complètement déconnectée de sa femme, de ses enfants et même de sa propre personne.

« Veux-tu savoir à quoi ressemblent mes journées ? dit-il. Lorsque j'arrive à la maison, tard le soir, je prends deux ou trois martinis et je m'endors devant la télé ; le lendemain, je recommence. Depuis aussi longtemps que je me souvienne, mon existence se limite à mon travail. Ici, pour la première fois depuis des années, je me sens revivre. » Puis il me remercia.

Je me rendis compte d'une chose : la prise de conscience que vivait cet homme-là vis-à-vis de la pauvreté de son existence correspondait en tout point à celle que j'avais vécue.

Fort de cette expérience, je me retrouvai face à un choix : continuer de vivre ma vie comme avant, ou opter pour une vie qui pouvait apporter quelque chose aux autres, par exemple à cet homme.

Aujourd'hui, lorsque je suis avec des clients, je me concentre sur ce qu'ils aimeraient faire et non sur ce qu'ils pourraient faire. J'invite tout le monde à prendre le même virage.

Jeff HOYE

La négociation

Si profonde que soit votre réflexion, vous ne pourrez jamais compter que sur votre propre intuition, et lorsque vous le ferez, vous ne pourrez prédire ce qui arrivera tant que vous n'aurez pas passé à l'action.

Konosuke MATSUSHITA

Je travaillais pour une agence de placement qui recrutait du personnel hautement spécialisé. Ma patronne, Angela, et moi nous apprêtions à prendre l'avion pour aller négocier le renouvellement d'un contrat de deux ans d'une valeur de 26 millions de dollars avec notre plus important client. Peu importe l'issue de cette négociation, elle allait être capitale pour moi puisque, à titre de représentante chargée de ce client, j'allais soit garder mon poste pour les deux prochaines années, soit être obligée de me trouver un nouvel emploi.

Au cours des semaines qui précédèrent la négociation, j'avais eu quelques entretiens avec ce client ; il m'avait clairement fait comprendre qu'il pouvait non seulement *refuser* de payer l'augmentation de tarifs que nous lui demandions, mais exiger une baisse de nos tarifs. Ma patronne lui avait fait savoir qu'elle n'avait aucunement l'intention de le faire. Puis, au cours d'une rencontre avec moi, elle m'avait dit que nous devions préparer une présentation de diapositives afin de justifier l'augmentation de tarifs.

Je n'étais pas tout à fait à l'aise avec l'idée, car je me rappelais à quel point le client avait insisté sur la nécessité d'une réduction de tarifs, au risque de le perdre comme client. Je sentais que nous risquions de perdre cet important contrat.

J'essayai avec diplomatie de discuter de mes craintes avec Angela, mais elle demeurait déterminée. Elle avait décidé que ce seraient eux qui feraient des courbettes pour une fois, et non l'inverse. J'avais le sentiment que la rencontre allait prendre la forme d'un duel sanglant.

La rencontre eut lieu dans une magnifique salle de conférences ornée de boiseries. Après avoir présenté les diapositives, Angela vint s'asseoir à côté de moi, en face des trois cadres supérieurs de l'entreprise cliente. La façon dont nous étions installés (eux d'un côté, nous de l'autre) me déplut tout de suite.

Après une demi-heure de blâmes réciproques, Angela se mit à pleurer. Je n'arrivais pas à y croire ! Que faire à présent ? Les trois cadres s'excusèrent en disant qu'ils n'avaient pas l'intention de la blesser mais qu'ils devaient penser à l'avenir de leur compagnie. Je me rendais bien compte toutefois qu'ils se sentaient manipulés par les pleurs d'Angela et qu'ils cherchaient seulement à se montrer polis. Je me rendais compte aussi que le contrat était à l'eau et que j'allais devoir me trouver un nouvel emploi très bientôt.

Je leur demandai si nous pouvions prendre une pause de cinq minutes, proposition qu'ils s'empressèrent d'accepter. J'invitai ensuite Angela à m'accompagner aux toilettes.

Une fois là, je demandai à Angela si je pouvais prendre les choses en main. Elle répondit : « D'accord, tu ne peux pas faire pire que moi. Je vais aller prendre l'air quelques minutes. »

J'appréciai grandement de me retrouver seule un instant, car je ne savais absolument pas ce que je pouvais faire pour sauver notre barque. Je me recueillis et priai. Un de mes anciens professeurs avait déjà dit que la prière était simplement la conscience qui demandait de l'aide. Je n'avais pas prié depuis très longtemps, mais ce fut un réel soulagement.

Je pris ensuite quelques respirations profondes en essayant de visualiser la scène telle que je voulais qu'elle se déroule. Je vis les trois cadres, Angela et moi assis en cercle. Je vis aussi nos cœurs à travers nos poitrines ; ils étaient rouges et battants. Je compris à cet instant que je devais suivre mon cœur, quoi qu'il arrive. Puis, je les vis rire. Cette image me relaxa, même si je ne voyais vraiment pas ce qui aurait pu les faire rire. Maintenant, je me sentais prête à retourner dans la salle de conférences. Et je savais que j'allais survivre quelle que soit l'issue de cette négociation.

Une fois tout le monde revenu dans la salle, je parlai de quelques détails sans rapport avec le but de notre rencontre. À un moment donné, je commis un lapsus : je dis *poisson* au lieu de *boisson*. Tout le monde éclata de rire. Ce lapsus détendit l'atmosphère. Pendant quelques instants, nous redevînmes tout simplement des êtres humains qui riaient de bon cœur.

Mon lapsus me rappela qu'une de nos expertes consultantes et sa famille avaient récemment été invitées à visiter le parc aquatique Sea World par un des plus importants clients de l'entreprise avec laquelle nous étions en train de négocier. Ce client était en fait un couple âgé qui possédait un laboratoire que notre consultante avait aidé à mettre sur pied. Les deux conjoints s'étaient liés d'amitié avec elle et l'invitaient régulièrement à souper ; en fait, cette consultante était un peu devenue la fille qu'ils n'avaient jamais eue.

Les trois cadres se montrèrent très intéressés par cette anecdote. J'ajoutai que ce genre d'histoire se produisait fréquemment, que plusieurs de nos employés qui agissaient comme consultants vivaient des expériences enrichissantes avec les clients et créaient des liens un peu partout dans le pays.

Je racontai encore quelques anecdotes, puis je remarquai que le climat s'était adouci dans la salle de conférences. Nous nous remémorions tout simplement de bons moments et avions du plaisir à le faire.

À un moment donné, je ris et dis : « Vous ne saviez pas que vous financiez des "réunions de famille", n'est-ce pas ? »

Le vice-président répondit : « Marty, si le financement de réunions de famille me rapporte, alors j'accepte de financer des réunions de famille. Pourquoi ne retournez-vous pas à votre bureau pour calculer ce que représente le renouvellement de notre contrat ? Si vous êtes capable de me prouver que le remplacement de votre brillante équipe de consultants nous coûtera plus cher au bout du compte, je signerai ce contrat à votre tarif actuel. Est-ce un bon compromis pour vous ? »

J'eus l'impression qu'un miracle s'était produit. Mais le plus extraordinaire est que, lorsque Angela et moi nous rencontrâmes par la suite pour faire le bilan de notre voyage, je fus promue vice-présidente et je reçus une augmentation de salaire ! Rien de moins.

Marty RAPHAEL

Une mère d'emprunt

Aucun geste de bonté, aussi modeste soit-il, n'est un geste perdu.

AESOP

Mes quinze ans de carrière dans l'enseignement m'ont laissé de nombreux souvenirs impérissables. L'un d'entre eux est particulièrement cher à mon cœur ; il remonte à une dizaine d'années, alors que j'enseignais à une classe de deuxième année.

À la fin de cette année-là, en mai plus précisément, je décidai de préparer une activité spéciale pour les enfants : un thé de la Fête des mères. Mes élèves et moi mîmes nos idées en commun pour trouver des façons de rendre hommage à nos mères. Nous nous exerçâmes à chanter et à mimer des chansons. Nous apprîmes par cœur un poème. Nous fabriquâmes des bougies que nous emballâmes dans des sacs de papier blanc décorés à la main et noués avec de jolis rubans. Enfin, chacun rédigea et dessina une carte de souhaits personnalisée.

Nous avions décidé que le thé aurait lieu le vendredi précédant la Fête des mères. Chaque enfant emporta chez lui une invitation qui comportait une carte-réponse à faire signer par sa mère. Je fus à la fois étonnée et soulagée de constater que toutes les mères avaient accepté de participer. J'invitai même ma propre mère.

Finalement, le grand jour arriva. Cet après-midi-là, à 13 h 45, tous les enfants s'étaient mis en ligne devant la porte de la classe et attendaient impatiemment l'arrivée des mères. Au bout d'un certain temps, alors que l'heure du thé était presque arrivée, je regardai les enfants et m'aperçus que Jimmy, l'air dépité, attendait encore la sienne.

Je pris ma mère par la main et nous nous approchâmes de Jimmy. « Jimmy, lui dis-je, j'ai un petit problème et je me demande si tu pourrais m'aider. Je vais être très occupée à présenter nos chansons et notre poème ainsi qu'à verser des verres de punch. Pourrais-tu tenir compagnie à ma mère pendant que je serai occupée ? Tu pourras lui offrir des biscuits et un verre de punch. Tu pourras même lui donner la bougie que j'ai fabriquée. »

Ma mère et Jimmy s'assirent à une table en compagnie de deux autres couples mère-enfant. Jimmy servit des friandises à ma mère, lui présenta le cadeau que j'avais fait, tira et poussa sa chaise, bref, il fit tout ce que nous avions pratiqué la veille. Chaque fois que je jetais un coup d'œil vers Jimmy et ma mère, je voyais qu'ils étaient en grande conversation.

Je rangeai ce précieux moment dans ma mémoire. Aujourd'hui, dix ans plus tard, je donne des cours sur l'environnement à des élèves de tous âges. L'an dernier, je supervisais une sortie éducative avec des élèves de cinquième secondaire et Jimmy était du nombre.

Nous passâmes la journée dans les *badlands* du Montana. Pendant le voyage de retour, je demandai aux élèves de décrire brièvement les événements de la journée, de faire un court examen et de remplir une feuille d'évaluation de notre excursion. Chaque fois qu'un élève me remettait ses feuilles, je m'assurais qu'il n'en manquait aucune.

Lorsque j'eus entre les mains l'évaluation de Jimmy, je pus lire : « Madame Marra, vous rappelez-vous le thé de la Fête des mères en deuxième année ? Moi, si ! Merci pour tout ce que vous avez fait pour moi et merci également à votre mère. »

Une fois de retour à l'école, Jimmy fit en sorte d'être le dernier à sortir de l'autobus. Je lui confiai alors que j'avais beaucoup apprécié la note qu'il avait rédigée. Il sembla plutôt embarrassé, marmonna quelques remerciements et s'éloigna. Toutefois, lorsque le chauffeur redémarra l'autobus, Jimmy revint sur ses pas en courant et frappa à la porte de l'autobus. Je crus qu'il avait oublié quelque chose. Il sauta à bord et me prit dans ses bras.

« Merci encore, madame Marra. Personne ne s'est jamais rendu compte que ma mère n'était pas venue. »

Cet après-midi-là, ma journée de travail se termina par l'accolade d'un adolescent qui avait probablement cessé depuis longtemps de donner des accolades à ses professeurs.

Nancy Noel MARRA

6

La créativité au travail

L'extraordinaire est inscrit en chacun de nous,
prêt à se manifester.

Jean HOUSTON

Un patient hors de l'ordinaire

Un sourire est une courbe qui permet de tout remettre dans le droit chemin.

Phyllis DILLER

Darrin avait 4 ans. C'était sa première visite chez le chiropraticien. Il était craintif comme le sont la plupart des enfants lors de leur première visite chez un médecin.

Tôt au cours de ma carrière, j'ai appris qu'il faut gagner la confiance d'un enfant avant d'essayer de le soigner ; sinon, l'enfant crie, essaie de se sauver, se débat dans tous les sens. Quand on prend le temps de gagner sa confiance et de nouer des liens avec lui, on peut ensuite compter sur son entière collaboration.

Une des techniques d'approche que je trouve des plus utile consiste à montrer qu'on s'intéresse à un des jouets préférés de l'enfant. Lorsqu'on prend un des jouets favoris de l'enfant, qu'on le touche, qu'on le serre dans ses bras et qu'on dit l'aimer, on accède au cœur du bambin. J'ai effectué des milliers de manipulations chiropratiques sur des ours en peluche, des poupées Barbie, des ballons, des jouets brisés et des Darth Vader ; en fait, j'ai traité à peu près tous les jouets qui existent.

La situation de Darrin était toutefois différente.

J'avais demandé à sa mère, Joan, d'apporter le jouet favori de Darrin lors du rendez-vous. Lorsqu'elle arriva à mon bureau et que je lui demandai si elle avait apporté ce jouet, elle répondit : « Je ne pouvais pas l'apporter, docteur Stillwagon.

— Pourquoi ? demandai-je.

— Vous n'en croirez pas vos oreilles, mais le jouet préféré de Darrin est un aspirateur-balai, et je m'imaginais mal l'apporter à votre bureau.

— Un instant », lui dis-je. Je me rendis au local du concierge pour y prendre notre aspirateur-balai et je revins en courant dans mon cabinet. En voyant les yeux de Darrin, je compris tout de suite que nous étions sur la même longueur d'onde et que nous deviendrions de très bons amis.

Je présentai à Darrin notre aspirateur-balai, puis je l'invitai à le toucher et à jouer avec pendant que je traitais sa mère.

Lorsque j'examine un patient, j'utilise un scanner à infrarouge qui sert à évaluer les progrès du patient. Une fois le traitement de la mère de Darrin terminé, je pris le scanner pour examiner l'aspirateur dans toute sa longueur. Je plaçai ensuite l'aspirateur sur ma table d'examen et fis semblant de lui administrer un traitement chiropratique.

Darrin observa le moindre de mes mouvements pendant qu'il tenait l'aspirateur sur la table. J'assurai Darrin que l'aspirateur irait rapidement mieux.

Ce fut ensuite au tour de Darrin. Plein d'assurance, Darrin s'assit pour l'examen au scanner, puis il s'étendit courageusement sur la table. J'avais toute sa confiance. Nous étions maintenant des amis, et j'avais traité mon premier aspirateur-balai !

G. STILLWAGON, D.C., Ph.C.

La poursuite de l'excellence

Les entreprises qui excellent ne croient pas à l'excellence ; elles croient à l'amélioration constante et au changement continu.

Tom PETERS

Quad-Graphics, une des plus importantes imprimeries au monde, a été créée par Harry Quadracci Jr, un génie dans le domaine de l'amélioration continue du personnel. Il est constamment à la recherche de nouveaux moyens, à la fois plus efficaces et plus économiques, de gérer son entreprise tout en faisant preuve de la plus haute intégrité.

On m'avait demandé de donner quatre jours de formation à environ 900 cadres de cette entreprise. Pour me préparer, je réalisai une série d'entrevues téléphoniques auprès de quelques cadres sélectionnés au hasard.

C'est avec John Imes, directeur du service de l'environnement, que j'eus une des discussions les plus intéressantes. John s'occupe des déchets émis par Quad-Graphics. En effet, chacune des imprimeries de Quad-Graphics produit quotidiennement une grande quantité de déchets. John avait été engagé quelques années auparavant pour trouver des moyens de réduire les coûts associés à ces déchets et pour veiller à ce que les imprimeries respectent les normes et règlements gouvernementaux.

John me raconta qu'il en était venu à la conclusion suivante : « Nous habitons tous cette ville. Si nous polluons l'air, nous respirerons tous de l'air pollué, y compris nos enfants. Si nous polluons les cours d'eau, nous boirons tous de l'eau polluée. » Il décida alors que l'entreprise devait s'engager à nettoyer les déchets qu'elle avait émis. Toutefois, conformément à la philosophie d'Harry Quadracci, il décida également que cela devait se faire sans nuire aux profits.

Huit ans plus tard, c'est la dépollution elle-même qui rapportait des profits à l'entreprise ! Et Quad-Graphics respectait désormais les normes gouvernementales. John commença par inviter un inspecteur du gouvernement à visiter une des imprimeries.

« J'aimerais que nous devenions partenaires pour faire en sorte que cette usine soit en conformité avec la loi. Comment pouvons-nous collaborer pour y parvenir ? » L'inspecteur déclara que c'était la première fois qu'on lui faisait une telle proposition. « Je veux que nous soyons en contact permanent, ajouta John. Je ne veux pas que nous devenions des ennemis. Je veux que cette installation et toutes nos autres installations soient propres, efficaces et productives. Effectuons cette tâche en partenariat. »

Parmi les différentes sources de pollution potentielle d'une imprimerie, l'encre est une des plus importantes. John et son équipe apprirent qu'on pouvait fabriquer de l'encre à partir du soja. Dans le passé, cependant, les encres à base de soja posaient tant de problèmes qu'elles étaient difficilement utilisables. John suggéra donc à l'entreprise de pousser plus loin les recherches. Au bout de quelques années, l'entreprise s'était lancée dans les encres à base de soja, avait amélioré le produit et en vendait maintenant aux quatre coins du monde.

Survint ensuite une autre percée : John et son équipe découvrirent qu'on pouvait recycler de manière rentable les déchets de papier. En fait, peu à peu, ils se rendirent compte qu'on pouvait réutiliser – avantageusement – à peu près tout ce qu'on avait jusque-là l'habitude de jeter. Les imprimeries qui auparavant produisaient plusieurs barils de déchets par jour, en produisaient maintenant moins d'un baril par jour.

Pour John Imes, chaque jour est une occasion de faire quelque chose d'important, non seulement pour son entreprise, mais pour toute la population.

Hanoch McCarty, Ed.D.

On ne peut descendre deux fois le même fleuve.

Héraclite

Les gens créatifs sont ceux qui ont conservé la capacité d'émerveillement de leur enfance.

Kaiser News

« *Poussez-vous !* »

Lorsqu'on prend le temps d'aimer un patient et de rire avec lui, on parvient au plus haut degré de guérison : la paix intérieure.

Leslie GIBSON

Le personnel infirmier d'un hôpital de ma région était aux prises avec un vieil homme peu commode. L'homme refusait de laisser entrer qui que ce soit dans sa chambre et se montrait si négatif que le personnel était souvent incapable de lui administrer ses médicaments.

Un jour, une infirmière perspicace décida de demander à un de ses amis de faire quelque chose pour cet homme.

Un soir où le vieil homme était couché sur son lit dans la pénombre, l'air renfrogné, la porte de sa chambre s'entrouvrit lentement. Lorsqu'il tourna la tête vers la porte, prêt à chasser l'intrus qui se tenait dans l'embrasure, l'homme resta bouche bée. L'intrus en question, qui le fixait sans dire un mot, n'était pas une infirmière venue « l'importuner » comme il s'y attendait, mais un clown au visage peint qui se précipita à son chevet en s'écriant : « Poussez-vous ! »

Stupéfait, le vieil homme fit une place au clown. Le clown s'installa à côté de lui, ajusta les couvertures et se mit à feuilleter un livre qu'il avait apporté.

« Je vais vous lire une histoire », dit le clown. Puis il commença : « Un jour, Jack et Jill montèrent au sommet d'une colline pour aller chercher un seau d'eau. Jack tomba et brisa sa couronne. Jill vint près de lui. » Le clown continua de lire des *Contes de ma mère l'Oye*.

L'homme écoutait attentivement, et son corps se détendait à chaque page. Lorsque la lecture fut terminée, le vieil homme peu commode était blotti contre son joyeux visiteur, apaisé comme jamais les employés ne l'avaient vu. Le clown embrassa l'homme sur le front et lui fit ses adieux.

Cette nuit-là, le patient partit doucement et paisiblement vers l'autre monde. Son visage exprimait le calme et le contentement.

Jeffrey PATNAUDE

Le signe invariable de la sagesse, c'est la faculté de voir le miraculeux dans le banal.

Ralph Waldo EMERSON

Un sourire à partager

Ne pas utiliser son sourire, c'est comme avoir un million de dollars en banque, mais pas de carnet de chèques.

Les GIBLIN

C'était un mercredi comme les autres. Ma femme et moi nous trouvions dans un centre de soins pour personnes âgées dans le but de livrer un témoignage, plus précisément pour raconter comment nous étions parvenus à nous rétablir complètement d'une crise cardiaque. À la fin de notre témoignage, une des pensionnaires, Miriam[1], demanda à nous parler quelques minutes.

« J'ai toujours cru que j'avais besoin de trois choses pour être heureuse : quelqu'un à aimer, quelque chose pour me tenir occupée et des activités amusantes à faire régulièrement, dit-elle. Ici, j'ai des personnes à aimer et je fais des choses qui me tiennent occupée. Mais pour ce qui est de faire régulièrement des activités amusantes, rien. Auriez-vous quelque chose à me suggérer ?

— Qu'est-ce que vous faisiez d'amusant avant d'arriver ici ? lui demanda ma femme.

— J'étais quelqu'un qui aimait rire avec les autres, dit-elle.

— Et de quoi aimiez-vous rire ?

---

1. Le nom Miriam est un pseudonyme.

— De tout ce que je pouvais voir, entendre, sentir ou goûter », répondit-elle avec un sourire.

C'est à cet instant que nous eûmes l'idée de départ de notre projet. Nous commençâmes à chercher des formes d'humour qui faisaient appel à tous les sens.

Nous trouvâmes une affiche qui disait : *La vie est trop importante pour être prise au sérieux,* puis un macaron sur lequel était inscrit : *Profitez de la vie ; la répétition générale est terminée.* Nous trouvâmes ensuite des sachets de thé qui portaient ce message : *Vous êtes comme ce sachet de thé. C'est lorsqu'on vous plonge dans l'eau bouillante que vous découvrez à quel point vous êtes fort.*

Après quelques recherches, nous trouvâmes également des caricatures ainsi que des cassettes audio et vidéo humoristiques. On nous donna des autocollants pour pare-chocs d'automobile, des illustrations, des livres, des jeux, des bandes dessinées et des magazines.

Nous nous mîmes à assembler des corbeilles humoristiques remplies de livres, de cassettes, de cartes de souhaits et de jouets pour enfants de tous âges. Les animaux en peluche étaient toujours aussi populaires, suivis des *Slinkies* et des balles *Kusch*. Et nos corbeilles contenaient toujours des ballons à gonfler.

Il va de soi que nous préparâmes une corbeille humoristique à l'intention de Miriam, puisque c'était grâce à elle que nous avions commencé ce projet. Elle nous confia que le point culminant de sa journée consistait à partager le contenu de sa corbeille avec d'autres pensionnaires, avec des visiteurs... bref avec tous ceux qu'elle croisait. Quelqu'un mentionna que Miriam cherchait ainsi à faire sourire et à partager ce sourire. Nous baptisâmes donc notre projet *Un sourire à partager*.

Notre projet connut un succès tel que d'autres centres de soins en entendirent parler et nous firent des commandes spéciales.

Un de ces centres de soins nous demanda de mettre au point un chariot humoristique calqué sur les chariots de supermarché. Des bénévoles de ce centre promenèrent ensuite ce chariot dans les couloirs pour échanger rires et blagues avec les patients.

Un autre établissement nous demanda de concevoir une salle d'humour équipée d'un magnétoscope ; les familles des pensionnaires firent ensuite don de nombreuses vidéocassettes humoristiques.

Avec le temps, notre désir d'aider une dame âgée s'est transformé en projet de toute une vie. Aujourd'hui, Miriam nous a quittés pour un monde meilleur. La dernière fois que nous l'avons vue, cependant, elle avait installé un écriteau à la porte de sa chambre : *Heureuse est la femme qui sait rire d'elle-même, car jamais elle ne souffrira d'ennui.*

John MURPHY

L'avantage unique du temps présent,
c'est qu'il nous appartient.

Charles C. COLTON

Temps d'arrêt

L'homme que j'allais rencontrer était président d'une importante agence de publicité. Moi, j'étais un très jeune consultant en gestion. Un de ses employés m'avait recommandé à lui après avoir vu mon travail, persuadé que j'avais quelque chose à offrir. À cette étape de ma carrière, j'avais rarement l'occasion de traiter directement avec le président d'une entreprise.

Le rendez-vous était prévu pour 10 heures et devait durer une heure. J'arrivai en avance. À 10 heures précises, on me fit entrer dans un vaste bureau aéré, meublé dans des tons jaune vif.

Le président avait relevé les manches de sa chemise. Son regard était très dur.

« Je vous accorde vingt minutes, pas une de plus », dit-il d'un ton cassant.

Je restai muet.

« Je vous répète que vous avez seulement vingt minutes. »

Toujours pas un mot de ma part.

« Votre temps s'écoule. Pourquoi ne dites-vous rien ?

— Ces vingt minutes m'appartiennent, répliquai-je. Je peux en faire ce que je veux. »

Il éclata de rire.

Nous discutâmes alors pendant une heure et demie. Et j'obtins le poste.

Martin RUTTE

Vision poétique

Nous sommes nous-mêmes des créations. En retour, nous sommes destinés à poursuivre cette créativité en étant créatifs.

Julia CAMERON

Notre organisation, l'Association météorologique de Nouvelle-Zélande Ltée, venait de traverser une période de grands bouleversements. De service gouvernemental, nous étions devenus une entreprise indépendante prospère et en pleine expansion, spécialisée dans les prévisions météorologiques. Comme nous ne disposions d'aucun modèle à suivre, il nous apparaissait évident que notre organisation avait d'abord et avant tout besoin d'une vision commune.

À l'époque où nous étions un service public, l'approche adoptée avait consisté à réduire les coûts avec l'utilisation tous azimuts de l'informatique, particulièrement dans la salle des prévisions météorologiques.

La privatisation eut peu de répercussions sur les habitudes de travail du personnel des prévisions météorologiques, mais nous décidâmes d'opter pour une nouvelle façon de travailler. Dorénavant, ce seraient les personnes, et non les ordinateurs, qui auraient la responsabilité des prévisions météorologiques, aidées évidemment des équipements et systèmes appropriés. Restait à mettre en pratique cette philosophie ; le temps était venu d'énoncer la vision que nous avions pour le service des prévisions météorologiques.

Au terme d'un débat vigoureux, une définition subtile et habile, quoique plutôt froide, fit consensus :

Un service qui fait des prévisions météorologiques avec compétence, au moyen de techniques éprouvées, dans un environnement propice, pour le bénéfice des clients.

Alors que nous étions tous assis autour de la table – administrateurs, professeurs et météorologues – à chercher laborieusement une façon de communiquer cette vision à toute l'entreprise, un homme du nom de Marco se racla la gorge et lut le texte suivant :

Nous faisons des prévisions météorologiques
À l'aide des plus récentes techniques,
Dans un si bon environnement
Et avec un personnel si compétent
Que nos clients nous trouvent fantastiques.

Silence. Quelqu'un prit alors la feuille de Marco et recopia ses vers au tableau. Tout le groupe éclata de rire et s'écria avec enthousiasme : « C'est ça ! »

Nous sourions encore en repensant à cette scène, y compris les membres du conseil d'administration. Et les changements qui se produisent actuellement dans notre service sont conformes à l'esprit de ce texte. D'un seul coup, le milieu de travail correct mais ennuyeux que nous avions s'est transformé en un environnement de travail amusant et efficace !

John LUMSDEN

7

Vaincre l'adversité

En tant qu'hommes et femmes,
il est de notre devoir de vivre notre vie
comme si nos capacités étaient illimitées.

Pierre TEILHARD DE CHARDIN

Comment attirer l'attention

On ne peut rien réussir que des esprits exubérants n'aient d'abord préparé.

NIETZSCHE

Il y a plusieurs années, j'étais doyenne de la faculté des sciences de la santé et de l'éducation du collège Bellarmine à Louisville, dans le Kentucky. Le bâtiment de cette faculté était situé seul au sommet d'une colline tandis que tous les autres bâtiments du collège se trouvaient sur une autre colline.

Le mois de janvier tirait à sa fin, et nous venions d'avoir une grosse tempête de verglas suivie de neige. Le personnel d'entretien des terrains avait déglacé et déneigé la principale section du campus, mais il avait « oublié » notre colline et notre faculté.

Lorsque j'arrivai à mon bureau ce jour-là, j'y trouvai deux cents étudiants furieux, douze professeurs hystériques et quatre employés de soutien mécontents. Tous étaient fâchés que la colline et le parking n'aient pas été nettoyés.

Deux tâches ingrates m'attendaient : faire nettoyer la colline et calmer les principaux intéressés. J'avais déjà fait face à la même situation deux mois auparavant, et lorsque j'avais téléphoné au bureau des installations physiques, on m'avait répondu qu'ils viendraient lorsqu'ils le pourraient.

Cette fois, je téléphonai à ma secrétaire pour lui demander un formulaire de commande d'achat et un formulaire de demande de chèque. Lorsque j'eus les deux formulaires, je tapai une commande d'achat pour un télésiège fabriqué en Suisse.

Comme je n'avais aucune idée du prix d'un petit télésiège, j'écrivis 600 000 dollars. Je me dis qu'il serait sûrement possible d'obtenir quelque chose de bien pour ce montant. Ensuite, je demandai 60 000 dollars pour donner comme acompte. Je ne savais pas comment procéder pour faire un achat de ce genre, mais cela n'avait pas d'importance puisque ma démarche était bidon.

Je photocopiai les formulaires et affichai des copies dans toute l'école. Ensuite, j'allai en personne livrer les formulaires au bureau du vice-recteur exécutif, car c'était lui le responsable des activités relevant des installations physiques. J'informai sa secrétaire que les formulaires étaient très importants et que j'avais besoin d'une réponse rapide.

Quelques minutes après être revenue dans mon bureau, je reçus le coup de fil d'un homme furieux.

« Êtes-vous devenue folle ? cria le vice-recteur exécutif. Nous n'avons pas les moyens ! Qui vous a autorisée à commander un télésiège ?

— Le recteur », répondis-je doucement.

On me raconta plus tard qu'après avoir raccroché le téléphone avec rage, le vice-recteur exécutif prit mes formulaires, traversa le couloir en coup de vent, entra en trombe dans le bureau du recteur et lui demanda :

« Avez-vous autorisé cette demande ? »

Le recteur, qui me connaissait bien, prit le temps de lire la commande d'achat. Puis, lentement, il leva les yeux et dit :

« Vous n'avez pas fait déneiger et déglacer sa colline, n'est-ce pas ?

— Alors pourquoi ne m'en a-t-elle pas parlé tout simplement ? » s'écria le vice-recteur exécutif.

Le recteur eut un petit rire. « Je suis certain qu'elle a attiré votre attention, n'est-ce pas ? »

Dix minutes plus tard, des camions de sel et des chasse-neige sillonnaient notre colline. Et tout le monde regardait par les fenêtres en rigolant et en applaudissant.

Dr Ann E. WEEKS

Tout est dans l'attitude

Jerry était le genre de gars que tout le monde aime. Toujours de bonne humeur, toujours optimiste. Lorsqu'on lui demandait comment il allait, il disait invariablement :

« Ça ne pourrait pas aller mieux, sauf si je me dédoublais ! »

Il était un gérant de restaurant tellement unique que plusieurs serveurs le suivaient lorsqu'il passait d'un restaurant à un autre. Ces serveurs restaient dans son sillage parce qu'ils aimaient son attitude. Jerry était un motivateur-né. Lorsqu'un employé vivait une situation difficile, Jerry était toujours là pour lui remonter le moral et lui montrer le côté positif des choses.

Son attitude m'intriguait réellement. Aussi, un jour, je lui demandai : « Je ne comprends pas. On ne peut pas être toujours positif et optimiste, Jerry. Comment fais-tu ? »

Jerry me répondit ceci : « Chaque matin, au réveil, je me dis : "Jerry, tu as le choix aujourd'hui : tu peux être de bonne humeur ou de mauvaise humeur." Et je choisis d'être de bonne humeur. Chaque fois qu'une difficulté survient, j'ai le choix : je peux en être la victime ou apprendre de cette difficulté. Je choisis d'apprendre. Chaque fois que quelqu'un vient me voir pour se plaindre, j'ai le choix : je peux accepter ses plaintes ou lui faire voir le côté positif de la vie. Je choisis le côté positif de la vie.

— Je ne pense pas que ce soit aussi facile que tu le prétends, protestai-je.

— Si, ça l'est, insista-t-il. La vie est faite de choix. Quand on s'en tient à l'essentiel, toute situation est un choix. On choisit comment réagir aux circonstances. On choisit de laisser ou non les gens influencer son humeur. On choisit d'être de bonne ou de mauvaise humeur. En somme, on choisit sa façon de vivre. »

Je pris le temps de réfléchir aux paroles de Jerry. Peu après, je quittai le secteur de la restauration dans le but de mettre sur pied ma propre entreprise. Je perdis Jerry de vue, mais je repensais souvent à lui lorsque je faisais délibérément un choix au lieu de me contenter de réagir.

Quelques années plus tard, on me raconta que Jerry avait fait une erreur qu'un commerçant ne doit jamais commettre : un matin, il avait laissé ouverte la porte arrière de son restaurant, et trois voleurs armés l'avaient menacé de leurs armes.

Lorsqu'il avait essayé d'ouvrir le coffre-fort sous le regard impatient des voleurs, sa main tremblante avait raté la combinaison. Les voleurs, paniqués, lui avaient tiré dessus. Heureusement, Jerry fut rapidement secouru et conduit d'urgence au centre hospitalier le plus proche. Après dix-huit heures de chirurgie et plusieurs semaines de soins intensifs, Jerry reçut son congé de l'hôpital bien qu'il eût encore des fragments de balles de revolver dans le corps.

Je revis Jerry environ six mois après l'accident. Quand je lui demandai comment il allait, il me répondit : « Ça ne pourrait pas aller mieux, sauf si je me dédoublais ! Veux-tu voir mes cicatrices ? » Je déclinai son invitation, mais je lui demandai à quoi il avait pensé lorsque les voleurs l'avaient menacé.

« La première chose à laquelle j'ai pensé, c'est que j'aurais dû verrouiller la porte arrière. Ensuite, pendant que j'étais couché sur le sol, je me suis souvenu que j'avais le choix : je pouvais choisir de vivre ou choisir de mourir. J'ai choisi de vivre.

— Tu as eu peur, non ? As-tu perdu connaissance ? » m'informai-je.

Jerry continua : « Les ambulanciers ont été fantastiques. Ils n'ont pas cessé de me dire que tout allait bien aller. En fait, j'ai eu peur seulement quand ils m'ont fait entrer dans la salle des urgences et que j'ai vu le regard que posaient sur moi les médecins et les infirmières. Leurs yeux semblaient dire : "Cet homme va mourir." Il fallait que je fasse quelque chose.

— Qu'est-ce que tu as fait ? lui demandai-je.

— Eh bien, il y avait une grosse et grande infirmière qui me bombardait de questions. À un moment donné, elle m'a demandé si j'étais allergique à quelque chose. J'ai répondu oui. Tout le personnel de soins s'est alors arrêté pour entendre ma réponse. J'ai pris une grande respiration et j'ai crié : "Je suis allergique aux balles de revolver !" Pendant qu'ils riaient, j'ai ajouté "Je choisis de vivre. Opérez-moi comme si j'étais vivant, pas comme si j'étais déjà mort." »

Jerry a survécu grâce aux compétences des médecins, certes, mais aussi grâce à son étonnante attitude. Il m'a appris qu'on a chaque jour le choix de vivre pleinement sa vie. Après tout, l'attitude est tout ce qui compte.

Francie BALTAZAR-SCHWARTZ

Un sauvetage mutuel

Ce dont nous avons besoin, c'est davantage de spécialistes de l'impossible.

Theodore ROETHKE

Hiver 1963. J'ai 23 ans. Je suis l'officier affecté au centre d'information de combat à bord du destroyer USS *Eaton*.

Vingt-quatre heures après notre départ de Cape Hatteras, nous commençons à sentir les effets d'un ouragan qui se dirige vers la côte. Un peu plus tard, il nous frappe de plein fouet. Pendant trois jours, l'ouragan ballotte le navire et manque de me faire passer par-dessus bord à un certain moment. Pendant ces trois jours, je vomis sans arrêt. Puis, le 29 novembre, l'ouragan desserre son emprise. Nous pansons nos plaies pendant une journée entière et effectuons les réparations qui s'imposent.

Le lendemain, un avion de type « Phantom » s'écrase dans la mer.

Lorsque j'étais entré dans la marine, j'avais offert mes services comme pilote de ce type d'appareil. Toutefois, un problème à mon œil gauche avait mis fin à mon rêve de piloter. Quelqu'un me suggéra alors de devenir officier en charge de l'interception radar (l'officier qui prend place derrière le pilote et qui s'occupe du radar d'attaque ; ainsi, je pourrais voler). Je trouvai l'idée formidable jusqu'à ce que j'apprenne que cet officier était également en charge des communications radio.

Voyez-vous, le problème – en fait le *secret* – c'est que je bégayais. Les mots qui me donnaient le plus de fil à retordre étaient ceux qui commençaient par des sons comme t, b, k ou g. Je vivais avec la peur chronique de bégayer. Pour éviter le déshonneur auquel je m'exposais en m'occupant des communications radio d'un jet, je décidai de tenter ma chance sur un destroyer où, je l'espérais, je n'aurais pas à parler beaucoup. Bien entendu, la marine, dans son infinie sagesse, fit de moi un contrôleur aérien.

Toujours est-il que frais émoulu de l'école de la marine, les jambes encore flageolantes après l'ouragan, c'est moi qui suis l'officier de garde cette nuit-là quand soudain, une voix aussi grave que celle de Dieu se fait entendre à la radio.

« Hermit, dit la voix. Ici Climax en personne. À vous. »

Hermit est l'indicatif d'appel de notre bateau. *Climax* est celui du plus formidable vaisseau de la flotte, le porte-avions USS *Enterprise*, navire amiral de l'escadre que nous escortons pour sa traversée de l'Atlantique. *Climax en personne*, c'est le capitaine de l'*Enterprise*. Mon cœur se met à battre la chamade.

« Hermit, nous venons de perdre le contact avec Foxtrot Four dans votre secteur, ajoute-t-il. Deux hommes sont portés manquants. » Traduction : un jet Phantom s'est écrasé et on nous ordonne de mener l'opération recherche et sauvetage, car c'est nous qui sommes situés le plus près de la dernière position connue de l'avion. Cela signifie également que je deviens immédiatement responsable de la coordination de l'opération de recherche.

Il n'y a guère de mot plus difficile à prononcer pour moi que *Climax*, sans compter que, récemment diplômé de l'école de contrôle aérien, c'est la première fois que je suis en charge d'un avion bien réel. Néanmoins, avec une détermination alimentée par l'image sinistre de deux pauvres diables plongés dans l'eau glacée, je prends un crayon gras, j'enfile un casque d'écoute et je m'installe à la console radar.

Lorsque j'avais reçu mon diplôme de contrôleur aérien, on m'avait assuré qu'il était très improbable que j'aie un jour à m'occuper de plus de quatre ou cinq avions à la fois. Or me voilà plongé en pleine conversation avec quinze à vingt avions qui se dirigent tout droit vers un point de convergence potentiellement dangereux, juste à notre portée. Il fait une nuit d'encre. Les pilotes discutent dans un jargon relax et décontracté qui leur est typique. « Compris Hermit, ici Climax Two-three. Two-four et Two-five sont derrière moi. Demande vecteur. À vous. » Ce dialogue se poursuivra ainsi pendant presque vingt-quatre heures.

Trois ou quatre heures après le début de l'opération, je me rends compte que je n'ai pas encore bégayé. Non seulement je n'ai pas bégayé, mais je n'y ai même pas pensé un seul instant.

L'émerveillement, l'étonnement, la grâce et la gratitude que je ressens à ce moment-là sont inoubliables. J'ai la nette impression que ce sont les circonstances qui m'*interdisent* de bégayer, surtout avec ces deux types en détresse qui ont besoin de mon aide. À plusieurs reprises, l'idée que je suis en train de vivre une expérience spirituelle, un tournant décisif, une libération, une seconde naissance, s'impose avec une clarté éblouissante dans mon esprit.

Comme je suis, sur notre petit bâtiment, l'unique contrôleur autorisé à diriger des avions à réaction, je dois rester au poste. La nuit cède la place au jour, puis elle revient de nouveau.

Le lendemain, à l'aube, un des avions de recherche repère une balise de sauvetage ; malheureusement, on ne retrouve que des morceaux du casque et du siège éjectable. Peu de temps après, cependant, un autre avion aperçoit le pilote ballotté par la houle. Nous mettons le cap en direction de l'avion, mais « Climax en personne » dépêche un hélicoptère de l'*Enterprise* pour récupérer le pilote. Il m'envoie également un message pour dire : « Bravo Zulu, Hermit. » C'est le code de la marine pour dire : « Bien joué ! »

Nous atteignons le site peu de temps après l'arrivée de l'hélicoptère et de son équipage. Pendant que l'on installe une élingue autour du pilote rescapé, ce dernier réussit à envoyer un message à notre navire. La voix de notre capitaine se fait entendre dans les haut-parleurs :

« Monsieur Scherer, présentez-vous à la passerelle ! Quelqu'un veut vous voir. » En gravissant la petite échelle, j'aperçois le soleil qui se lève. L'hélicoptère est suspendu à six mètres au-dessus de l'eau et on commence à hisser à bord le pilote rescapé.

Nous nous lançons un regard. Je lui souris, le salue de la main et lui envoie un signe indiquant que tout va bien. Pendu au bout du treuil, tout juste avant d'entrer dans l'hélicoptère, le pilote détrempé me lance un ultime regard, puis il me fait un salut militaire. Debout sur le pont du *Eaton* qui tangue, je fais de même. Et je pleure. Si je sais que j'ai contribué à son sauvetage, lui ignore qu'il a contribué au mien.

John SCHERER

À l'assaut !

Un jour, un gigantesque incendie faisait rage dans une raffinerie de pétrole. Les flammes montaient à des dizaines de mètres dans les airs et la fumée noire encrassait un grand pan de ciel. La chaleur était si intense que les pompiers avaient garé leurs camions loin du brasier et attendaient que la chaleur diminue avant de commencer à combattre l'incendie. Si on ne faisait rien bientôt, toutefois, l'incendie allait devenir impossible à maîtriser.

Puis, surgi de nulle part, un autre camion d'incendie arriva en trombe. Après avoir freiné bruyamment, il se gara tout près du sinistre. Les pompiers sortirent du camion et se mirent au travail. En voyant cela, tous les pompiers qui attendaient plus loin montèrent dans leurs camions, s'approchèrent du brasier et se mirent eux aussi au travail. Grâce à leur collaboration, ils parvinrent tout juste à neutraliser l'incendie.

Les gens qui observèrent la scène se dirent : « Waouh ! Quel acte de bravoure de la part de cet homme qui s'est approché le premier de l'incendie ! » Ils décidèrent d'accorder un prix spécial à l'homme qui avait eu le courage de monter à l'assaut.

Lors de la cérémonie de remise du prix, le maire dit : « Capitaine, nous voulons vous rendre hommage pour votre grande bravoure. Votre geste a permis de limiter les dommages et peut-être même de sauver des vies. Si vous aviez un souhait à formuler, quel qu'il soit, que serait-il ? »

Sans la moindre hésitation, le capitaine répondit : « Monsieur le maire, ce serait chouette d'avoir de nouveaux freins ! »

Mike WICKETT

L'art de rester motivé

Les nouvelles idées suivent toujours la même évolution : on commence par les ridiculiser, puis on les rejette pour leur insignifiance et, finalement, on les adopte à l'unanimité.

William JAMES

« Cette méthode ne marcherait jamais dans notre domaine ! s'exclama Jeff. Nous vendons de l'équipement médical à des médecins et le marché est difficile. Nos représentants disposent d'à peine quinze minutes pour s'entretenir avec un client, sans compter qu'ils doivent se montrer fermes et rapides. »

Jeff participait à un de mes séminaires sur la gestion des ventes. Il réagissait à ma suggestion d'explorer des façons d'aider ses représentants de commerce à rester motivés. J'avais notamment suggéré des activités à faire avant une rencontre avec un client : lire quelques pages d'un livre ou écouter une cassette sur la motivation, ou encore utiliser des affirmations. « Je vous assure, ces choses-là ne fonctionneraient pas dans notre domaine », répéta Jeff.

Dix jours plus tard, cependant, je reçus un appel de Jeff. Il m'invitait à donner une conférence au congrès annuel de son entreprise. Il me prévint de nouveau que le marché de l'équipement médical était difficile et que ses représentants étaient endurcis et plutôt caustiques.

Ma conférence se déroula très bien, et je trouvai que les représentants de commerce de Jeff ressemblaient beaucoup à ceux avec qui je travaillais. Jeff avait raison sur un point, toutefois : ils étaient un peu susceptibles et sur la défensive.

Lorsque je commençai à parler des moyens qu'on peut utiliser pour se concentrer et se motiver, Jeff se mit à rouler les yeux ; il était convaincu que ça ne marcherait pas. Les représentants parurent effectivement mal à l'aise quand je leur proposai d'explorer les possibilités de la pensée positive.

Je leur demandai si certains d'entre eux utilisaient des « trucs » pour se préparer à leurs rendez-vous avec des clients. Au fond de la salle, Bruce leva la main. « J'en ai, moi, des trucs. » Le silence tomba raide. Bruce travaillait dans cette entreprise depuis quelques mois seulement, mais il battait les records de chiffres de ventes de tous ses collègues. En fait, il était le meilleur vendeur de la compagnie.

« Je deviens très nerveux avant un rendez-vous avec un client, expliqua Bruce. Je ne veux pas tout gâcher, alors je fais toujours la même chose avant de m'y rendre.

— Voulez-vous nous en parler ? demandai-je.

— Certainement. Je m'assois dans ma voiture quelques minutes et je fais un exercice de respiration. Voulez-vous que je vous montre ? »

Après avoir tiré sa chaise pour que tout le monde le voie, Bruce s'assit et décrivit l'exercice : il inspirait en se disant que de l'air pur et bleu traversait son corps jusqu'à ses orteils avant de remonter jusqu'à ses poumons, puis il expirait en se disant que l'air sortant de son corps était rouge de tension et de nervosité. Il évacuait alors toute sa tension à l'aide d'affirmations positives, jusqu'à ce que l'air expiré soit bleu lui aussi. Pour nous faire une démonstration, il inspira et expira en faisant un très audible « Ummm... » Il refit la même chose à plusieurs reprises, puis il dit : « Voilà, c'est ce que je fais. »

Personne n'osa ouvrir la bouche. Je jetai un coup d'œil à Jeff ; il avait l'air de quelqu'un qui va s'évanouir. Il avait l'air de dire : « Sans commentaire. » J'aurais bien aimé pouvoir le narguer : « Na, na, na, na, na, na. Tu vois. Je te l'avais bien dit ! » En fait, il comprit sans que j'eusse besoin d'ouvrir la bouche.

Je remerciai Bruce et demandai au groupe si d'autres parmi eux avaient mis au point des techniques semblables. David, deuxième meilleur vendeur de cette compagnie et responsable du territoire de Manhattan à New York (le territoire le plus « difficile » de la compagnie), se leva. Il expliqua qu'avant de rencontrer un client, il écoutait toujours la même pièce de Mozart dans sa voiture afin de se détendre, de se concentrer et de faire entrer en lui assurance et détermination. Ensuite, deux autres participants racontèrent ce qu'ils avaient l'habitude de faire pour se préparer à un rendez-vous d'affaires.

Environ un an plus tard, je reçus une lettre formidable du président de l'entreprise de Jeff. Dans sa lettre, le président disait que ses ventes avaient beaucoup augmenté depuis ma conférence et il m'en remerciait. Il faisait allusion aux techniques de vente que j'avais alors présentées. Je suis toutefois convaincu que lors de cette rencontre, les éléments les plus importants, ceux qui ont eu le plus d'impact, ont été suggérés par les participants eux-mêmes.

Mike STEWART

Le crédit plutôt que la charité

Les grandes choses sont accomplies par ceux qui ont de grandes idées et qui vivent leur vie dans le but de réaliser leurs rêves.

Ernest HOLMES

La Banque Grameen est pour ainsi dire sortie tout droit de l'esprit d'un seul homme, le Dr Mohammad Yunus. Son histoire commence en 1972, au lendemain de la victoire du Bangladesh dans sa guerre de libération contre le Pakistan. Le Dr Yunus venait de terminer ses études supérieures à l'université Vanderbilt, aux États-Unis, et enseignait dans un collège au Tennessee, lorsqu'on lui offrit le poste de chef du département d'économie à l'université Chittagong, dans le sud-est du Bangladesh.

Il retourna dans son pays avec tous les espoirs que laissait entrevoir l'indépendance. À sa grande surprise, toutefois, le pays se détériorait très rapidement. En 1974, il y eut une terrible famine ; les gens mouraient dans les rues.

Le Dr Yunus enseignait l'économie des pays en développement, et il était de plus en plus frustré de mesurer l'écart entre ce qu'il décrivait dans sa classe et ce qui se produisait dans le monde réel. Il décida donc d'apprendre l'économie du monde réel, l'économie telle que le peuple la vivait.

Comme les bâtiments de l'université Chittagong étaient dispersés dans des villages, le Dr Yunus se retrouvait dans le vrai Bangladesh aussitôt qu'il sortait du campus. Il se mit à visiter les villages et à parler aux pauvres, cherchant à découvrir pourquoi ils étaient incapables de s'en sortir. Il ne les abordait pas comme un professeur ou un chercheur, mais comme un être humain et un voisin.

Un jour, il rencontra une femme qui gagnait deux sous par jour à fabriquer des tabourets en bambou. Il avait peine à croire qu'une personne puisse travailler si fort pour un si maigre salaire. Il la questionna et apprit qu'elle n'avait pas assez d'argent pour acheter du bambou ; elle devait donc emprunter de l'argent à un négociant, celui-là même qui achetait ses produits finis. Quand ce négociant achetait les tabourets de la femme, il lui offrait tout juste assez d'argent pour couvrir l'achat de son matériel. En d'autres mots, elle travaillait pour rien ; elle était une esclave.

« Voilà un problème facile à résoudre », songea le Dr Yunus. Si cette femme disposait d'assez d'argent pour acheter son bambou, elle pourrait ensuite vendre son produit au plus offrant. En compagnie d'un de ses élèves, le Dr Yunus se promena pendant quelques jours dans le village pour voir s'il y avait d'autres personnes qui, comme cette femme, traitaient avec des négociants et se faisaient ainsi exploiter. En une semaine, ils en trouvèrent quarante-deux. En tout et pour tout, ces gens avaient besoin de 50 dollars.

La première solution du Dr Yunus consista à leur prêter cette somme de sa propre poche. Il demanda à ses étudiants de distribuer l'argent sous forme de prêts. Cependant, il se rendit vite compte des limites de cette solution ; en effet, lorsque d'autres villages auraient besoin d'argent, ils ne viendraient pas le voir, lui, un professeur d'université. Il n'était pas banquier. C'est alors qu'il eut l'idée d'une banque.

Il contacta le directeur d'une banque, mais celui-ci jugea l'idée si farfelue qu'il refusa d'en discuter. Consentir des prêts aussi modestes ne serait pas rentable, déclara le directeur, sans compter que les pauvres n'avaient aucune garantie à offrir. Le Dr Yunus alla voir toutes les banques et essuya chaque fois le même refus. Finalement, il mit les banques au défi en s'offrant lui-même comme caution. Six mois plus tard, on lui prêta à contrecœur 500 dollars.

Le Dr Yunus prêta cet argent et fut remboursé. De nouveau, il demanda aux banques d'accorder des prêts directement à ces gens, mais on lui répondit encore que son plan ne fonctionnerait pas dans plus d'un village. Le Dr Yunus refusa de lâcher prise. Il prêta de l'argent à plusieurs villages. Sa stratégie fonctionna, mais les banquiers n'étaient toujours pas satisfaits. Il prêta finalement de l'argent à un district tout entier. Malgré le succès obtenu, les banquiers restaient sceptiques.

C'est à ce moment que le Dr Yunus se dit : « Pourquoi perdre mon temps avec ces banquiers ? Pourquoi ne pas régler ce problème en fondant ma propre banque ? »

En 1983, le gouvernement lui accorda l'autorisation de créer une banque. Connue sous le nom de Banque Grameen, la banque de Yunus prête de l'argent uniquement aux gens les plus pauvres du Bangladesh, à ceux qui ne possèdent ni terre ni bien.

Actuellement, la Banque Grameen compte 1 048 succursales et plus de deux millions d'emprunteurs. Ces emprunteurs travaillent dans 35 000 villages. Jusqu'à présent, la banque a prêté plus d'un milliard de dollars, et le prêt moyen s'élève à environ 150 dollars.

Non seulement cette banque prête de l'argent aux pauvres, mais elle appartient aux pauvres : les gens qui empruntent de l'argent deviennent actionnaires de la banque. Sur les 2 millions d'emprunteurs, 90 % sont des femmes, du jamais vu au Bangladesh.

Cette banque a servi de modèle à d'autres institutions du même genre partout à travers le monde. Le Dr Yunus insiste aujourd'hui sur un point : à chaque étape de sa démarche, on lui répétait, arguments convaincants à l'appui, que c'était impossible. L'histoire prouve néanmoins, de manière aussi éclatante qu'inattendue, que c'est tout à fait *possible*.

Extraits d'un discours de Mohammad YUNUS et d'une interview radiophonique avec lui, publiés dans *Lapis Magazine*

N'abandonnez jamais, jamais, jamais, jamais.

Winston CHURCHILL

La question

N'abandonnez pas ! Un meilleur sort vous attend.

Victor HUGO

N'est-il pas étonnant de constater que tant de gens acceptent leur sort avec résignation ?

Il y a quelques années, on m'invita à assister à une allocution prononcée par une conférencière de renom devant les étudiants d'une petite université du sud de la Californie. La salle était bondée d'étudiants emballés par la perspective d'entendre une personnalité de cette envergure. Après avoir été présentée par le doyen, la conférencière s'approcha du micro, embrassa l'assistance du regard et commença :

« Je suis née d'une mère sourde qui était incapable de parler. Je ne connais pas mon père et j'ignore s'il est encore vivant. Mon premier emploi a été dans un champ de coton. »

L'auditoire était subjugué. « Les choses n'ont pas à demeurer telles qu'elles sont si elles ne sont pas telles qu'on les souhaite, poursuivit-elle. Ni la chance ni les circonstances ni même les conditions dans lesquelles une personne naît ne doivent déterminer sa destinée. » Puis elle répéta d'une voix douce : « Les choses n'ont pas à demeurer telles qu'elles sont si elles ne sont pas telles qu'on les souhaite.

« Tout ce qu'une personne doit faire pour changer une situation qui n'apporte que malheur et insatisfaction, ajouta-t-elle d'un ton ferme, c'est de se poser la question suivante : *Comment voudrais-je que cette situation devienne ?* La personne doit ensuite s'engager tout entière à faire ce qu'il faut pour y parvenir. »

Puis elle arbora son plus beau sourire et déclara : « Mon nom est Azie Taylor Morton. Je m'adresse à vous aujourd'hui à titre de trésorière des États-Unis d'Amérique. »

Bob MOORE

Le rêve américain de Tony Trivisonno

Les efforts portent fruit uniquement lorsqu'on refuse d'abandonner.

Napoleon HILL

Il avait grandi sur une terre rocailleuse d'Italie, quelque part au sud de Rome. J'ignore comment et quand il est venu en Amérique. Toujours est-il qu'un soir, je le trouvai dans l'entrée de mon garage. C'était un homme maigre d'environ un mètre soixante-dix.

« Moi tondre votre gazon », déclara-t-il. À cause de son accent, j'avais du mal à comprendre ce qu'il disait.

Je lui demandai son nom. « Tony Trivisonno, répondit-il. Moi tondre votre gazon. » Je lui dis que je n'avais pas les moyens d'engager un jardinier.

« Moi tondre votre gazon », répéta-t-il avant de s'éloigner. Je me dirigeai vers la maison, mécontent de moi-même. La période de dépression économique était difficile, certes, mais comment avais-je pu tourner le dos à quelqu'un qui avait besoin d'aide ?

Le lendemain, en rentrant du travail, je vis que la pelouse était fraîchement tondue, le jardin désherbé et les trottoirs nettoyés. Je demandai à ma femme ce qui s'était passé.

« Un homme a sorti la tondeuse du garage et s'est mis au travail, répondit-elle. J'ai cru que tu l'avais engagé. » Je lui racontai ma rencontre de la veille.

Nous trouvâmes étrange qu'il n'ait même pas demandé à être payé.

J'oubliai complètement Tony au cours des jours qui suivirent, car j'étais très occupé ; nous tentions de remettre sur pied notre usine et de réengager quelques employés. Le vendredi, toutefois, je rentrai tôt à la maison et m'aperçus que Tony était encore là, dans l'entrée du garage. Je le complimentai pour le travail qu'il avait fait.

« Moi tondre votre gazon », dit-il. Finalement, je me débrouillai pour donner à Tony un modeste salaire hebdomadaire ; en retour, quotidiennement il nettoyait la cour et faisait divers petits boulots. Ma femme me dit qu'il était prêt à rendre service chaque fois qu'il y avait un objet lourd à déplacer ou une réparation à faire.

L'été céda le pas à l'automne et le vent devint glacial. « Monsieur Craw, neiger bientôt, me dit Tony un soir. Quand hiver là, vous donner emploi à moi pour enlever neige à l'usine. »

Que faire devant tant d'espoir et de persévérance ? J'embauchai Tony à l'usine, évidemment.

Les mois passèrent. À un moment donné, je demandai au service du personnel de me faire un rapport. Ils déclarèrent que Tony était un excellent employé.

Un jour, je trouvai Tony à notre lieu de rendez-vous habituel, c'est-à-dire dans l'entrée de mon garage. « Je veux être *prenti* », m'annonça-t-il.

Nous disposions d'un excellent centre de formation pour les ouvriers peu qualifiés, mais je n'étais pas sûr que Tony serait capable de lire des plans et des micromètres ou d'exécuter des travaux de précision. Toutefois, comment lui dire non ?

Tony accepta une réduction de salaire pour devenir apprenti. Quelques mois plus tard, j'appris qu'il était devenu un excellent affûteur. Il avait appris à lire des millionièmes de pouce sur un micromètre et à ajuster une meule avec un instrument muni d'une couronne de diamants. Ma femme et moi étions ravis de cet heureux dénouement.

Une année ou deux passèrent. Un jour, je trouvai de nouveau Tony dans l'entrée de mon garage. Nous discutâmes de son travail et je lui demandai ce qu'il voulait.

« Monsieur Craw, dit-il, je veux acheter maison. » Aux limites de la ville, il avait trouvé une maison à vendre, ou plutôt une baraque.

J'appelai un ami banquier. « T'arrive-t-il de consentir un prêt en te fiant à la réputation de l'emprunteur ?

— Non, répondit-il. Nous n'en avons pas les moyens. Hors de question.

— Non, attends, répliquai-je. Je te parle d'un homme travailleur, un homme qui a du caractère. Je m'en porte garant. Il a un bon emploi. Et de toute façon, ce lot ne te rapporte pas un traître sou. Il va demeurer là pendant des années. Au moins, il te versera des intérêts. »

À contrecœur, le banquier consentit à Tony une hypothèque de 2 000 dollars et n'exigea aucun versement initial. Tony jubilait. À partir de ce moment, toutes les choses dont mon épouse et moi nous débarrassions – une moustiquaire déchirée, des planches, des outils –, Tony les ramassait et les rapportait chez lui.

Au bout de deux ans, je trouvai encore Tony dans l'entrée de mon garage. Il me parut se tenir plus droit qu'avant. Il avait pris du poids et de l'assurance.

« Monsieur Craw, j'ai vendu maison, m'annonça-t-il avec fierté. J'ai vendu 8 000 dollars. »

J'étais stupéfait. « Mais Tony, qu'est-ce que tu vas faire sans maison ?

— Monsieur Craw, j'ai acheté ferme. »

Nous nous assîmes pour discuter. Tony me raconta qu'il avait toujours rêvé de posséder une ferme. Il adorait les tomates, les poivrons et tous ces autres légumes abondamment utilisés dans la cuisine italienne. Il avait fait venir d'Italie sa femme, sa fille et son fils. Après avoir cherché aux alentours de la ville, il avait trouvé une petite propriété abandonnée composée d'une maison et d'un hangar. Maintenant, il s'apprêtait à emménager sur cette ferme avec sa famille.

Quelque temps plus tard, un dimanche après-midi, Tony se présenta chez nous vêtu de son plus beau costume. Un autre homme d'origine italienne l'accompagnait. Tony me raconta qu'il avait persuadé son ami d'enfance d'immigrer en Amérique et qu'il le parrainait. Les yeux pétillants, il me dit que lorsqu'il avait montré à son ami la petite ferme dont il était maintenant propriétaire, celui-ci n'en croyait pas ses yeux. « Tony, tu es millionnaire ! » s'était écrié son ami.

Puis, durant la guerre, mon entreprise m'envoya un message pour me dire que Tony était mort.

Je demandai à mes employés d'aller voir sa famille et de s'assurer qu'elle ne manquait de rien. Ils trouvèrent une ferme où les légumes poussaient en abondance ainsi qu'une petite maison correcte et chaleureuse. Dans la cour, il y avait un tracteur et une voiture en bon état de marche. Les enfants étaient instruits et travaillaient. Et Tony n'avait pas laissé le moindre sou de dette.

Par la suite, je songeai souvent à Tony. Plus j'y pensais, plus j'éprouvais du respect pour lui. Finalement, je crois qu'il n'avait rien à envier aux grands capitaines d'industries des États-Unis.

Pour réussir, en effet, tous ont emprunté le même chemin et mis en pratique les mêmes valeurs et principes : la capacité de voir loin, la persévérance, la détermination, l'aplomb, le respect de soi, l'optimisme et, par-dessus tout, l'intégrité.

Tony n'a pas commencé au bas de l'échelle. Il a commencé bien au-dessous. Bien sûr, comparativement aux grands capitaines d'industries, il a acquis peu de chose dans sa vie, mais son bilan est identique au leur. La seule différence, c'est l'endroit où on place la virgule décimale.

Tony Trivisonno est venu en Amérique pour réaliser le rêve américain. Toutefois, il ne l'a pas trouvé déjà tout fait ; il l'a bâti en tirant profit de la seule chose qu'il possédait et qu'il n'a jamais gaspillée : son temps.

Frederick C. CRAWFORD

Un bol de soupe

La comédie est l'expression de l'optimisme.

Robin WILLIAMS

Mes parents, que Dieu les bénisse, ont survécu à l'Holocauste quand ils étaient enfants. Lorsqu'ils foulèrent le sol de l'Amérique en 1947, mon père trima dur dans un atelier pour amasser l'argent nécessaire à l'achat d'un magasin de fruits et légumes.

Comme mes parents n'avaient pas appris à cuisiner durant leur enfance, ce n'est qu'à l'âge adulte, une fois rendus en Amérique, qu'ils commencèrent à s'y mettre. Mon père ne sut jamais rien faire d'autre que des œufs à la coque et encore, il trouvait souvent le moyen de mal calculer le temps de cuisson... Ma mère lui était largement supérieure. Elle pouvait, en cas d'urgence, préparer sept repas différents. En réalité, toutefois, il y avait seulement deux plats qu'elle réussissait bien : les spaghettis aux boulettes de viande (grâce à la patience des grands-mamans italiennes du quartier) et la soupe au poulet.

À partir du moment où mes parents eurent leur magasin, ma mère eut à sa disposition toutes sortes de légumes et elle prit l'habitude d'utiliser des ingrédients plutôt inusités dans ses plats, par exemple le panais et les racines de persil. Son bouillon de poulet contenait un ingrédient particulier qui le distinguait de toutes les autres soupes que j'ai goûtées dans ma vie : de l'aneth frais.

Maman choisissait toujours le bon moment pour préparer son bouillon de poulet. Elle en faisait rarement pour quelqu'un qui était déjà malade ; pourtant, elle savait d'instinct à quel moment on en avait besoin à titre préventif. Elle parvenait également à anticiper les coups durs qui s'apprêtaient à nous tomber dessus :

Une horde de représentants nous pourchassaient pour se faire payer ? Une marmite de soupe apaisante mijotait déjà sur le feu. Le réfrigérateur rendait l'âme ? Le percepteur d'impôt téléphonait ? Un employé du magasin quittait sans préavis ? Le bouillon de poulet à l'aneth nous attendait et tout rentrait dans l'ordre.

Des années plus tard, un incendie ravagea le magasin de mes parents situé à Long Island. Ils n'eurent d'autre choix que de renoncer à la vente au détail et de concentrer leurs efforts sur le commerce de produits en gros qu'ils venaient de mettre sur pied à New York. Comme d'habitude, ils se lancèrent à corps perdu dans leur entreprise. Quelques années plus tard, les affaires allaient plutôt bien. Leur commerce était spécialisé dans les produits raffinés et inhabituels, y compris l'aneth frais.

Un hiver, ils finirent par prendre des vacances, principalement pour des raisons de santé. Mon frère et moi nous rendîmes en avion à New York pour nous occuper du magasin durant leur absence. Au cours de la deuxième semaine, le gel frappa le sud des États-Unis, et pratiquement toute la récolte d'aneth fut anéantie. Or la demande pour l'aneth était très forte ; on pouvait presque entendre les mères en détresse hurler à des kilomètres à la ronde.

Par un heureux hasard, mon frère et moi avions des contacts. Nous avions déjà vécu en Californie et nous connaissions des producteurs d'aneth. En quelques heures, nous prîmes des dispositions pour nous faire livrer par avion une pleine cargaison d'aneth. Le commerce de mes parents était maintenant le seul en ville à offrir de l'aneth frais, et même si la quantité dont nous disposions était relativement modeste, nous réalisâmes des milliers de dollars de profit – grâce à l'aneth !

Quand mes parents revinrent de vacances, bronzés et ravis d'avoir évité une des températures les plus mauvaises qu'avait connues New York depuis des décennies, ils furent particulièrement heureux d'apprendre ce que nous avions réussi grâce à l'aneth.

Quelques hivers plus tard, l'entreprise que nous possédions, mon frère et moi, se trouva dans une mauvaise passe. Nous étions très inquiets, oubliant que le monde des affaires avait ses vicissitudes (c'était un des seuls mots savants que mon père connaissait ; il l'utilisait donc souvent) et que la vie ne se limitait pas au travail.

Un après-midi, alors que notre moral était au plus bas, nous reçûmes un colis de la République dominicaine où résidaient maintenant nos parents.

Il n'y avait aucune lettre ; le colis contenait uniquement une magnifique plaque de bois sur laquelle on avait sculpté à la main : « Un bon bol de bouillon de poulet ! » Et vous savez quoi ? Après tout, c'était ce dont nous avions besoin.

Le révérend Aaron ZERAH

Une confiance aveugle

L'amour produit des miracles.

Robert SCHULLER

Tout le monde devrait avoir la chance de vivre une amitié comme celle qui existe entre Curt et moi. Notre relation est une véritable association ; elle comporte la confiance, la bienveillance, la prise de risques ainsi que tout ce que l'amitié peut contenir dans ce monde d'aujourd'hui où tout va trop vite.

Notre amitié a commencé il y a plusieurs années. Quand nous nous sommes rencontrés, nous ne fréquentions pas la même école, mais nous participions aux mêmes compétitions sportives. Chacun de nous respectait les habiletés athlétiques de l'autre. Curt a été mon garçon d'honneur et j'ai fait la même chose pour lui quelques années plus tard, quand il a épousé la compagne de chambre de ma sœur. Il est également le parrain de mon fils Nicholas. Cependant, l'événement qui a scellé notre amitié et qui résume le mieux le lien qui nous unit est survenu il y a vingt-cinq ans, alors que nous étions encore dans l'insouciance de la vingtaine.

Nous avions assisté à une fête qui se tenait au centre sportif de notre localité. Curt avait gagné le prix de présence, une magnifique montre-bracelet. C'était maintenant l'heure de rentrer. Alors que nous nous dirigions vers la voiture en plaisantant, Curt s'est tourné vers moi et m'a dit : « Steve, tu as bu quelques verres, je pense que c'est moi qui devrais conduire. » Sur le coup, j'ai cru qu'il se payait ma tête ; mais comme Curt est le plus sage de nous deux, j'ai respecté son jugement qui était définitivement plus sobre que le mien.

« Bonne idée », lui ai-je dit en lui remettant les clés.

Lorsque Curt s'est installé au volant, il m'a dit : « Je vais avoir besoin de ton aide car je ne sais pas trop comment me rendre chez toi à partir d'ici.

— Pas de problème », ai-je répondu.

Après plusieurs mauvais embrayages et quelques arrêts brusques (dus à un manque d'expérience), Curt a finalement réussi à démarrer la voiture. Les quinze kilomètres que nous avons alors franchis m'ont paru interminables, car je devais donner à Curt toutes les indications : à gauche maintenant, ralentis, tu tourneras bientôt à droite, accélère, et ainsi de suite. L'important, toutefois, c'est que nous sommes rentrés sains et saufs à la maison ce soir-là.

Dix ans plus tard, à mon mariage, Curt a ému jusqu'aux larmes mes quatre cents invités lorsqu'il a parlé de notre amitié et qu'il a raconté cette randonnée en voiture. Vous vous demandez sûrement pourquoi je fais tout un plat de cette histoire, car il nous est tous arrivé, du moins je l'espère, de remettre nos clés à un ami à un moment où il était préférable de ne pas conduire. Voyez-vous, mon ami Curt est aveugle. Il est aveugle depuis sa naissance et c'était la toute première fois qu'il conduisait ce soir-là.

Aujourd'hui, Curt occupe un poste de cadre supérieur aux bureaux new-yorkais de General Motors. Quant à moi, je voyage partout au pays pour donner des conférences à des représentants de commerce et les encourager à former des liens d'affaires et d'amitié avec leurs clients. Encore aujourd'hui, la prise de risques et la confiance mutuelle enrichissent notre amitié.

Steven B. WILEY

8

Le courage

Ne craignez pas d'être dans une situation précaire comme l'oiseau sur la branche, car c'est peut-être de là que vous verrez le fruit.

Anonyme

Billy

Tous combats importants se livrent à l'intérieur de soi.

Sheldon KOGGS

Il y a de cela quelques années, de 1983 à 1987, j'eus la chance de jouer le personnage de Ronald McDonald pour la chaîne de restaurants McDonald's. Mon territoire comprenait à peu près tout l'Arizona ainsi qu'une partie du sud de la Californie.

Un des événements qui revenaient régulièrement au programme était la « Journée Ronald ». Une fois par mois, nous consacrions une journée entière à la visite du plus grand nombre d'hôpitaux possible, question d'apporter un peu de bonheur dans ces endroits où personne ne souhaite aller. J'étais très fier de pouvoir faire quelque chose pour des enfants et des adultes qui traversaient une mauvaise passe. La chaleur et la reconnaissance qu'ils me témoignaient en retour m'habitaient ensuite pendant des semaines. Tout le monde adorait ce projet : moi, McDonald's, les adultes, les enfants, de même que le personnel des hôpitaux.

Au cours de ces visites, je devais respecter deux règles. D'abord, je devais en tout temps être accompagné d'employés de McDonald's (mes escortes) et de représentants de l'hôpital. De cette façon, si j'entrais dans une chambre et que j'effrayais un enfant, il y avait toujours avec moi des gens capables d'intervenir rapidement.

Ensuite, tout contact physique avec les patients m'était interdit. On voulait ainsi éviter que je transmette des microbes d'un patient à un autre. Je comprenais le bien-fondé de cette règle, mais elle ne me plaisait guère. Je crois que le toucher est le moyen de communication le plus direct qui soit. Les paroles et les écrits peuvent mentir, mais pas une étreinte chaleureuse.

Néanmoins, on m'avait fait savoir que le non-respect d'une de ces deux règles pourrait me coûter mon emploi.

Un soir que je traversais le couloir d'un hôpital, prêt à rentrer chez moi au terme d'une longue « Journée Ronald » (cela faisait alors quatre ans que je jouais ce personnage), j'entendis une petite voix qui disait « Ronald, Ronald ».

Je m'arrêtai. La petite voix venait de derrière une porte entrouverte. J'ouvris la porte et vis un garçonnet d'environ 5 ans dans les bras de son père. Jamais je n'avais vu un enfant branché à autant d'appareils médicaux. À ses côtés se trouvaient sa mère, ses grands-parents ainsi qu'une infirmière qui s'occupait des appareils.

À l'atmosphère qui régnait dans la chambre, je compris que la situation était grave. Je demandai au garçon son nom – il s'appelait Billy – et j'exécutai pour lui quelques tours de magie. Puis, avant de prendre congé, je demandai à Billy s'il souhaitait que je fasse autre chose pour lui.

« Ronald, peux-tu me prendre dans tes bras ? »

Son souhait était si simple. Or une seule pensée me vint à l'esprit : si je le touchais, je risquais de perdre mon emploi. Je répondis donc à Billy qu'il m'était impossible de le prendre dans mes bras pour le moment, mais je lui suggérai que nous fassions un coloriage ensemble. Après avoir terminé une véritable œuvre d'art dont nous étions très fiers lui et moi, Billy me demanda de nouveau de le prendre dans mes bras. Mon cœur criait un retentissant « Oui ! », mais mon cerveau hurlait encore plus fort : « Non ! Tu vas perdre ton emploi ! »...

Lorsque Billy me fit cette seconde demande, je me sentis tiraillé : pourquoi ne pouvais-je pas exaucer le souhait si simple d'un bambin qui ne retournerait probablement jamais chez lui ? J'étais étonné qu'un enfant que je n'avais jamais vu auparavant et que je ne reverrais probablement jamais puisse me plonger dans un tel dilemme. Devais-je écouter ma tête ou mon cœur ?

« Prends-moi dans tes bras. » Une demande si simple... et pourtant.

Je cherchai quelque parole raisonnable qui me permettrait de m'en aller. Je n'en trouvai aucune. Il me fallut un certain temps pour comprendre que la perte de mon emploi ne serait peut-être pas aussi catastrophique que je le craignais.

Me retrouver au chômage était-il la pire chose qui pût m'arriver ?

Croyais-je suffisamment en moi pour me dire qu'en cas de congédiement, je me ressaisirais et recommencerais de zéro ? La réponse fut claire et nette : « Oui, je recommencerais de zéro ! »

Alors, qu'est-ce que je risquais ?

Je risquais, une fois au chômage, de perdre d'abord ma voiture, ensuite ma maison... et pour être franc, c'étaient des choses auxquelles je tenais beaucoup. Mais je songeai aussi qu'à la fin de ma vie, ma voiture n'aurait plus de valeur pour moi, pas plus que ma maison.

En fait, les seules choses qui ne perdent jamais de valeur sont les expériences que nous vivons. Lorsque je me rappelai que je faisais ce travail pour apporter un peu de bonheur à des gens qui vivaient une épreuve, je compris que je ne risquais rien du tout.

Je demandai à la mère, au père, à la grand-mère et au grand-père de sortir de la chambre, puis à mes deux escortes de retourner à la mini-fourgonnette. L'infirmière en charge de l'équipement resta, mais Billy lui demanda de se tenir debout dans le coin, face au mur. Puis, je pris ce petit être merveilleux dans mes bras. Il était si fragile. Il avait si peur. Pendant trois quarts d'heure, nous passâmes du rire aux larmes et nous bavardâmes des choses qui le tracassaient.

Billy avait peur que son petit frère se perde en revenant de la maternelle, l'année prochaine, parce qu'il ne serait pas à ses côtés pour le guider. Il s'inquiétait aussi que son chien n'ait plus d'os à manger, car il avait caché tous les os dans la maison avant de partir pour l'hôpital sans toutefois se rappeler où.

Les préoccupations de Billy étaient celles d'un petit garçon qui sait qu'il ne reviendra plus chez lui.

Lorsque je sortis de la chambre, mon maquillage mouillé de larmes coulait dans mon cou. Je donnai aux parents de Billy mon vrai nom et mon numéro de téléphone (un autre motif de licenciement automatique pour un Ronald McDonald, mais je tenais pour acquis que j'étais déjà congédié et que je n'avais rien à perdre). Je leur dis que si la chaîne McDonald's ou moi-même pouvaient faire quoi que ce soit pour les aider, ils n'avaient qu'à me téléphoner.

Moins de quarante-huit heures plus tard, je reçus un appel téléphonique de la mère de Billy. Elle m'annonça que son fils venait de mourir. Son mari et elle souhaitaient simplement me remercier d'avoir accepté la demande de leur fils.

La mère de Billy me raconta qu'après mon départ, son fils l'avait regardée en disant : « Maman, je m'en fiche de ne pas voir le Père Noël cette année, car Ronald McDonald m'a tenu dans ses bras. »

Parfois, il faut faire le geste qu'on croit juste dans le moment présent, quel que soit le risque appréhendé. Les gens se privent souvent de vivre des expériences à cause des risques qu'elles comportent. Pourtant, seules les expériences comptent.

Pour conclure, mon employeur a effectivement appris ce qui s'était passé avec Billy ; toutefois, compte tenu des circonstances, ils ont décidé de passer l'éponge.

J'ai continué de jouer le personnage de Ronald McDonald pendant une autre année, puis j'ai quitté cet emploi pour pouvoir raconter l'histoire de Billy et parler de l'importance de prendre des risques.

Jeff McMULLEN

Le moment de vérité

Vous devez le faire vous-même, mais vous ne pouvez le faire seul.

Martin RUTTE

Ma mère est enseignante. Tout au long de mon enfance, j'ai eu conscience des difficultés et des obstacles que tous les enseignants rencontrent. Je lui demandais souvent : « Maman, pourquoi enseignes-tu ? Comment fais-tu pour continuer d'y consacrer autant d'énergie ? » La réponse était toujours la même. « Il suffit d'un seul enfant, d'un seul moment pour que ça en vaille la peine. »

J'ignore si c'est l'hérédité, l'exemple de ma mère ou les histoires touchantes qu'elle me racontait au sujet de ses élèves, mais je suis moi aussi devenu enseignant. Toutefois, ma salle de classe est très différente de la sienne : j'enseigne en plein air. On peut dire que j'enseigne l'aventure, c'est-à-dire que je supervise des activités physiquement et mentalement exigeantes qui comportent certains risques et qui visent le développement pro-social. Mes élèves sont pour la plupart des adolescents à problèmes.

Lorsque ma mère me demande pourquoi j'enseigne et comment je fais pour surmonter les difficultés, je sais qu'elle connaît déjà la réponse. Comme elle l'a toujours si bien dit, il suffit d'un seul enfant, d'un seul moment pour que ça en vaille la peine.

J'ai vécu un de ces moments récemment. Je travaillais avec un groupe d'adolescentes de 12 à 15 ans.

Nous achevions la deuxième semaine d'un programme de quatre semaines. Le groupe avait traversé sans heurts les épreuves de l'étape « Équipe » et s'apprêtait à entreprendre l'étape suivante, appelée « Funambule ».

Cette épreuve consiste à marcher sur un câble suspendu à dix mètres au-dessus du sol. Les participants accèdent au câble en grimpant à un arbre muni d'échelons, puis marchent sur toute la longueur du câble en se tenant à une corde qui se trouve juste au-dessus d'eux. Tout au long de l'exercice, depuis le pied de l'arbre jusqu'à la fin du parcours, la personne est attachée à une des extrémités d'une corde d'escalade ; l'autre extrémité de cette corde est contrôlée par un instructeur qualifié. Il s'agit d'une épreuve très sécuritaire.

Avant de commencer l'épreuve, j'ai pris quelques minutes pour discuter avec les filles des émotions qu'elles ressentaient, puis j'ai demandé une volontaire. Quelques-unes d'entre elles ont levé la main et ont ensuite accompli l'épreuve sans grande difficulté. Voyant que leurs prédécesseurs avaient réussi, d'autres participantes se sont alors senties prêtes à y aller.

« Qui est la prochaine ? ai-je demandé. – Susie est prête », ont répondu les filles. Comme Susie me semblait plutôt réticente, je lui ai demandé si elle se sentait prête. Elle a répondu doucement : « J'imagine que oui. »

Une fois Susie attachée puis installée au pied de l'arbre, j'ai saisi la partie lâche de la corde et je l'ai observée pendant qu'elle essayait d'atteindre le premier échelon sur l'arbre. Le groupe a applaudi ses efforts et lui a crié des mots d'encouragement. Je voyais cependant son visage se crisper davantage à chaque échelon. Je souhaitais ardemment qu'elle réussisse l'exercice, car je savais à quel point ce serait valorisant pour elle.

Toutefois, j'avais déjà vu cette tension sur le visage d'autres élèves, et je savais déjà que Susie ne ferait pas un pas de plus.

Après avoir grimpé la moitié de la distance jusqu'au câble, Susie a mis ses bras autour de l'arbre, un peu comme un bambin effrayé qui agrippe la jambe de sa mère. Ses yeux étaient fermés et ses jointures étaient blanches. La joue appuyée sur l'écorce, elle a murmuré : « Je ne peux pas. »

Les autres filles sont restées silencieuses. Je me suis alors mis à parler doucement à Susie. Je voulais qu'elle desserre son emprise le temps que l'on puisse la faire redescendre. Je lui ai parlé pendant de longues minutes. À un moment donné, à court de mots, je me suis tu.

C'est Mary qui a rompu le silence : « Susie, je serai toujours ton amie, quoi qu'il arrive ! »

Mes yeux se sont remplis de larmes, à un point tel que je ne voyais presque plus Susie agrippée à l'arbre. Après avoir essuyé mes yeux, j'ai vu que Susie avait levé la tête pour regarder le câble. Ses jointures étaient redevenues rouges. Elle a alors baissé la tête pour regarder Mary et lui sourire. Mary lui a souri à son tour. J'ai repris la corde jusqu'à ce que Susie atteigne le câble.

Ce sont des moments de ce genre qui font que je continue d'enseigner. Les jeunes avec qui je travaille m'inspirent sans cesse et me donnent du courage. Je suis profondément convaincu que ces jeunes ont fait face à beaucoup plus de risques et de dangers que moi durant toute ma vie. Pourtant, ils trouvent le moyen de ne pas abandonner. Ils trouvent le moyen de se rendre jusqu'au câble.

Pour ce qui est de Susie, elle a réussi l'épreuve du funambule. Une fois redescendue, elle est tout de suite allée prendre Mary dans ses bras.

Et nous avons tous applaudi.

Chris CAVERT

Chaque individu compte

La vie est précieuse seulement si on fait en sorte qu'elle le devienne.

Auteur inconnu

Je donne des séminaires sur les relations interpersonnelles. Une fois, je lançai aux participants le défi de s'investir totalement dans leur travail pendant toute une semaine. En fait, je leur demandai de « faire comme si » chacun de leurs gestes avait une influence sur leur entourage. Tout au long de leur semaine de travail, ils devaient se poser la question suivante :

« Si ma présence était vraiment importante ici, qu'est-ce que je ferais ? »

Ensuite, tous devaient agir en conséquence.

Peggy, une participante qui travaillait dans une agence de relations publiques, se montrait réticente à jouer le jeu. Elle me raconta qu'elle détestait son travail et qu'elle démissionnerait aussitôt qu'elle se trouverait un nouvel emploi. Chaque journée était un véritable calvaire pendant lequel elle regardait les heures s'égrener lentement sur l'horloge. Avec beaucoup de scepticisme, elle finit par accepter de faire un essai pendant une semaine, c'est-à-dire de se consacrer à cent pour cent à son travail « comme si » sa présence comptait vraiment.

Lorsque Peggy revint en classe la semaine suivante, je ne la reconnaissais pas tellement elle était enthousiaste. D'une voix énergique, elle relata ce qui s'était passé au travail.

« Pour commencer, j'ai décidé d'égayer le bureau, qui était plutôt lugubre, avec des plantes et des affiches. Puis j'ai accordé plus d'attention aux gens avec qui je travaille. Si quelqu'un semblait soucieux, je lui demandais ce qui n'allait pas et si je pouvais l'aider. Lorsque j'allais me chercher un café, je demandais aux autres s'ils voulaient que je leur rapporte quelque chose. J'ai complimenté des collègues. J'en ai invité deux à dîner. J'ai même parlé en bien d'un de mes collègues au patron (d'habitude, je ne parle en bien que de moi !). »

Peggy se demanda ensuite comment elle pourrait contribuer à l'amélioration de l'entreprise. « En premier lieu, j'ai cessé de me plaindre de mon travail. Je me suis rendu compte à quel point j'étais casse-pieds ! Ensuite, j'ai décidé de prendre des initiatives et j'ai proposé de très bonnes idées que j'ai d'ailleurs commencé à appliquer. » Chaque jour, Peggy faisait une liste des choses qu'elle voulait accomplir, puis elle s'arrangeait pour les réaliser. « À ma grande surprise, j'ai vu tout ce que je pouvais faire en une seule journée si je restais concentrée sur mes objectifs. Je me suis rendu compte d'ailleurs que les journées passent très vite quand je me tiens occupée. J'ai placé sur mon bureau un écriteau qui dit ceci : “Si ma présence était vraiment importante ici, qu'est-ce que je ferais en ce moment ?” Et chaque fois que je recommence à m'ennuyer et à me plaindre, cet écriteau me rappelle ce que je suis censée faire. Cela m'aide beaucoup. »

En l'espace d'une seule semaine, cette question a apporté tout un changement dans la vie de Peggy ! Elle l'a aidée à se sentir en prise directe sur les autres et sur son environnement au travail, y compris sur l'entreprise elle-même. Que Peggy ait décidé de garder ou de quitter son emploi importe peu, car elle a appris à transformer sa perception du travail.

Susan JEFFERS, Ph.D.

Une petite dose de courage

Ce qui se trouve devant nous et ce qui se trouve derrière nous importent peu comparés à ce qui se trouve en nous.

Ralph Waldo EMERSON

C'était en 1986. Je venais de fermer les portes de mon agence de publicité, j'étais au bord de la faillite et j'ignorais ce que l'avenir me réservait. Puis, un jour, en lisant un article qui parlait des avantages de se constituer des réseaux, j'eus un éclair de génie.

Nous étions dans les années 1980. Pourquoi les gens n'utilisaient-ils pas les réseaux pour faire de l'argent ? C'est en me posant cette question qu'une idée jaillit dans mon esprit : je créerais une entreprise appelée *Déjeuner d'affaires* ! Les gens à la recherche de contacts feraient appel à mes services ; de mon côté, à titre d'*entremetteuse*, je fouillerais dans une banque de données informatisées pour trouver la bonne personne, c'est-à-dire celle qui travaille dans le même secteur ou qui occupe un poste qui les intéresse. Ensuite, je mettrais ces personnes en contact et j'organiserais un repas d'affaires. Génial, non ?

Le seul hic, c'est que j'avais très peu d'argent pour me lancer en affaires. J'utilisai donc le seul avantage qui ne m'avait jamais fait défaut : ma grande gueule. Je fis imprimer 10 000 brochures dans une petite imprimerie bon marché du coin, puis, prenant mon courage à deux mains, je me postai à un carrefour achalandé du centre-ville de Washington, D.C.

« *Déjeuner d'affaires !* Achetez votre *déjeuner d'affaires !* » criai-je à en perdre haleine. Pendant trois jours, je m'époumonai ainsi en distribuant mes brochures. Les gens me regardaient d'un air amusé, certes, mais ils prenaient une brochure.

Au bout de trois jours, j'avais épuisé toutes mes brochures et personne n'avait téléphoné encore. Sans le sou, vidée de mon énergie et à la veille de perdre espoir, je rentrai d'un pas traînant à la maison.

En ouvrant la porte, le téléphone sonna. C'était un journaliste du *Washington Post*. Il avait vu une de mes brochures et me demandait une entrevue qui serait publiée en page couverture du cahier « Style » du *Post*. Imaginez : je n'avais ni entreprise, ni numéro de téléphone d'affaires (il m'avait jointe à mon numéro personnel), ni même de plan d'affaires. Je m'empressai néanmoins d'accepter.

Le lendemain, l'entrevue se déroula à merveille. Lorsque le journaliste me demanda mon numéro de téléphone d'affaires, je lui répondis que je le rappellerais à ce sujet dans le courant de l'après-midi. Je me précipitai ensuite aux bureaux de la compagnie de téléphone locale, puis j'appelai le journaliste pour lui donner le numéro suivant : 265-EATT. (Le téléphone n'était pas encore branché, mais au moins j'avais un numéro.) Amusé, le journaliste accepta de le publier, chose que le *Post* accepte rarement de faire.

Le lendemain, la sonnerie du téléphone – ma ligne personnelle – me réveilla : c'était un de mes amis qui voulait me féliciter pour l'article de journal. Je me redressai d'un coup sur mon lit. Ma ligne d'affaires n'était pas encore branchée !

Au même moment, j'entendis quelqu'un frapper à la porte. C'était une employée de la compagnie de téléphone qui, Dieu merci, venait faire le branchement. Elle alla derrière la maison, puis elle revint au bout de quinze minutes en me tendant un papier.

« Qu'est-ce que c'est ? demandai-je.

— Des messages pour vous ; je les ai reçus pendant que j'étais sur le poteau », répondit-elle en riant. Mon entreprise avait déjà une longueur d'avance sur moi.

Depuis, d'autres médias m'ont contactée, y compris le *New York Times*, le *Christian Science Monitor* et même *Entertainment Tonight*. J'ai reçu des centaines de demandes et j'ai mis beaucoup de gens en contact les uns avec les autres.

J'ai réalisé mon plus cher désir, c'est-à-dire allier plaisir et travail. Et tout a commencé à un carrefour achalandé, à force de cris… et d'un peu de courage.

Sandra CROWE

Oser

Oser, c'est risquer de perdre pied momentanément. Ne pas oser, c'est se perdre complètement.

Søren KIERKEGAARD

Cela faisait peu de temps que je m'étais lancé en affaires lorsque j'appris que Carl Weatherup, président de PepsiCo, allait donner une conférence à l'université du Colorado. Je contactai sa secrétaire pour obtenir un rendez-vous. Celle-ci m'informa qu'en raison de son horaire chargé, M. Weatherup ne pourrait m'accorder que quinze minutes après sa conférence.

Le jour de la conférence, je m'installai à l'extérieur de l'auditorium pour attendre le président de PepsiCo. Je pouvais l'entendre parler aux étudiants qui assistaient à sa conférence ; il parlait et parlait.

Je commençai à m'inquiéter pour mon rendez-vous, car M. Weatherup ne terminerait pas à l'heure prévue. Il avait maintenant cinq minutes de retard, ce qui ne me laissait plus que dix minutes avec lui. C'était le moment de passer à l'action.

J'écrivis une petite note au dos de ma carte de visite pour lui rappeler notre rendez-vous : « Vous avez rendez-vous avec Jeff Hoye à 14 h 30. » Après avoir pris une longue inspiration, j'ouvris la porte de l'auditorium et remontai l'allée centrale jusqu'à M. Weatherup, qui était encore en train de parler.

En me voyant venir vers lui, M. Weatherup se tut. Je lui tendis ma note, me retournai et m'éloignai en empruntant le même chemin. Juste avant de franchir la porte, j'entendis M. Weatherup annoncer à l'auditoire qu'il était en retard. Il les remercia pour leur attention, leur souhaita bonne chance et sortit de l'auditorium à l'endroit exact où je m'étais rassis, retenant mon souffle.

Il jeta un coup d'œil sur la carte que je lui avais donnée, puis il me regarda. « Jeff, je suppose », dit-il. Il sourit. Je recommençai à respirer. Nous entrâmes dans un local de l'université et refermâmes la porte.

Il m'offrit trente minutes de son temps, il me raconta quelques anecdotes merveilleuses que j'utilise encore aujourd'hui, puis il m'invita à lui rendre visite et à rencontrer son équipe à New York. Mais plus important encore, il m'encouragea à ne rien changer à ma façon d'agir. Il affirma qu'il fallait avoir du cran pour l'avoir interrompu ainsi, ajoutant que c'était une qualité essentielle pour réussir dans les affaires comme dans la vie.

Lorsqu'on veut faire bouger les choses, il faut oser passer à l'action.

Jeff HOYE

Un véritable leader

Le moment est toujours opportun de faire ce qui est juste.

Martin LUTHER KING Jr

Il y a quelques années, mon employeur, Pioneer Hi-Bred International, acheta Norand Corporation. Les représentants de commerce de Pioneer utilisaient les terminaux portatifs de Norand pour télécharger des informations sur les ventes journalières vers l'ordinateur central, puis pour retransmettre des nouveaux prix et des informations motivantes sur les ventes.

Pioneer achetait un si grand nombre de terminaux portatifs que l'achat de Norand allait permettre de faire des économies intéressantes. L'acquisition de Norand allait également donner à Pioneer la possibilité d'explorer des marchés de haute technologie à l'extérieur du secteur de l'agriculture.

Au bout de quelques années, cependant, l'arrivée des ordinateurs portatifs rendit désuets ces types de terminaux. Pioneer revendit Norand à perte.

Pioneer avait l'habitude de distribuer en parts égales parmi ses employés un certain pourcentage de ses profits annuels ; cette année-là, nous reçûmes moins d'argent à cause de l'achat de Norand. De plus, mes actions de Pioneer étaient à la baisse pour la même raison. Cette situation ne m'enchantait guère.

Le chef de la direction de Pioneer, Tom Urban, effectuait chaque année une visite en bonne et due forme de toutes les filiales de l'entreprise dans le but de faire un bilan et de s'enquérir des préoccupations des employés.

Lorsqu'il entra dans la salle de réunion pour sa première visite depuis la vente de Norand, il salua le personnel, enleva son veston et le plia soigneusement sur le dossier de sa chaise. Il desserra sa cravate, déboutonna son col de chemise et remonta ses manches. Les paroles qu'il prononça ensuite furent très différentes de celles auxquelles je m'attendais de la part d'un chef de la direction.

« L'achat de Norand a été une erreur et je m'en excuse, dit-il. Je suis désolé que cet achat ait fait baisser votre part des profits ainsi que la valeur de vos actions. J'en suis sincèrement désolé. Je ne cesserai pas de prendre des risques, mais j'ai appris de cette erreur et je promets de redoubler d'efforts pour vous. » Il y eut alors un bref moment de silence, puis la période des questions commença.

Ce jour-là, nous avions devant nous un grand homme, un vrai leader. Pendant que je l'écoutais parler, je savais que je pouvais avoir confiance en lui et qu'il méritait toute la loyauté que je pouvais lui accorder ainsi qu'à Pioneer. Je savais également que je pouvais prendre des risques dans mon travail.

Pendant le bref moment de silence qui précéda la période des questions, je me souviens de m'être dit que je le suivrais dans n'importe quelle bataille.

Martin L. JOHNSON

Le chef scout et le franc-tireur

Nous devons apprendre à distinguer les contraires, d'abord en tant qu'oppositions, puis comme les deux pôles d'un même aimant.

Hermann HESSE

Un jour, les deux têtes dirigeantes d'une importante compagnie d'assurances réalisèrent que leur incapacité de travailler ensemble constituait un problème – non seulement pour eux mais pour toute l'entreprise. Malheureusement, il était presque trop tard. Ils se trouvaient dans une position qu'on qualifie, en navigation, d'« extrême ». Quand deux navires sont dans une telle position, seule une action radicale, précise et immédiate de la part des deux navires peut éviter la collision.

À l'époque, je donnais une formation intensive en leadership dans cette entreprise, et on sollicita mon aide. Résumons la situation.

Voilà ce que Brad, chef de la direction de l'entreprise, avait à dire au sujet de Miles, chef de l'exploitation : « Il est têtu comme une mule. Imprévisible. Il agit sous le coup de l'impulsion et c'est nous qui devons ensuite réparer les pots cassés. La seule pensée qu'il mette son nez dans le budget me donne des frissons dans le dos. S'il était le grand patron, il serait impossible d'avoir un minimum de constance. Il nous demanderait de sauter en bas d'une falaise avant même d'avoir pensé à un moyen d'atterrir. Il me rend fou ! Je vous en prie, essayez de voir si vous ne pourriez pas faire quelque chose. »

De son côté, Miles, le chef de l'exploitation, se plaignait que Brad lui donnait du fil à retordre : « C'est un escargot ! Toutes les propositions que je lui soumets ont le temps de s'empoussiérer avant qu'il n'y jette un coup d'œil. Il trouve toujours trente-six raisons pour ne pas passer à l'action, et lorsqu'on réussit enfin à le convaincre de monter dans le train, celui-ci a déjà quitté la gare. Il me rend dingue. Débarrassez-moi de ce boulet, je vous en supplie ! »

En public, les deux hommes étaient toujours parvenus à se comporter avec professionnalisme et à sauver un tant soit peu les apparences. Ces derniers temps, cependant, la tension qui existait entre eux avait commencé à se propager à toute l'entreprise, parfois même de manière délibérée. Résultat : les employés devaient prendre parti. « Es-tu avec Brad ou avec Miles ? »

Après avoir discuté brièvement avec chacun d'eux, ils acceptèrent d'enterrer la hache de guerre et de se faire aider. « Enfermons-nous dans une des salles du centre de congrès situé tout près d'ici et n'en ressortons qu'une fois le problème résolu », suggérai-je.

Les deux entrèrent dans la salle le sourire aux lèvres, mais un peu nerveux. « Bon, tout d'abord, vous devez comprendre que votre conflit a des répercussions négatives considérables sur l'entreprise. Le respect des employés à votre égard en a pris un coup, même de la part des gens qui vous appuient. Chacun de vous est convaincu – même si vous refusez de l'admettre ouvertement – que seul le départ de l'autre permettra de résoudre l'impasse, et chacun complote pour y parvenir.

« Voici la solution telle que je la perçois, continuai-je. Vous devez trouver un moyen de restaurer la confiance et le respect mutuels, sinon toute l'entreprise sera en péril. Acceptez-vous d'unir vos efforts pour atteindre cet objectif ? »

Ils firent signe que oui. « Mais comment ? répondirent-ils en chœur.

— Premièrement, vous devez prendre conscience que chacun de vous représente non pas un problème à résoudre, mais un des deux pôles d'un aimant qu'il faut apprendre à utiliser. Prenons quelques minutes pour voir comment nous pouvons y arriver dans votre cas. »

Au cours de l'heure qui suivit, Brad se rendit compte que pendant toute sa vie, il avait essayé d'être quelqu'un de bien. Il avait notamment été un leader national du mouvement scout. Les valeurs les plus importantes pour lui étaient le sérieux, la cohérence, la préparation, la prudence et le sens des responsabilités.

De son côté, Miles était parvenu à gravir les échelons à force de créativité, d'innovation, de promptitude, d'énergie, de bonne humeur et d'inspiration.

M'inspirant de la méthode de Barry Johnson, auteur de *Polarity Management* (*Gérer les pôles*), j'invitai Miles et Brad à puiser dans la littérature ou l'histoire pour se trouver un nom qui décrirait le mieux leur façon de faire respective. Brad dit :

« J'ai déjà trouvé le mien : le Chef scout ! J'ai toujours essayé de faire mieux que Miles et de lui dire comment il devrait travailler. C'est ma responsabilité en tant que Chef scout de veiller à ce que tous les gens – et tout particulièrement Miles – rament dans le même sens et évitent les écueils.

— Ouais, j'en sais quelque chose, répliqua Miles. Pour ma part, que penseriez-vous du surnom suivant : le Franc-tireur. Je suis rapide sur la gâchette, souvent un peu trop. C'est mon côté impulsif. Cela crée parfois le chaos. Je m'en accommode très bien et je ne suis pas le seul, mais j'admets que ça sème la pagaille dans l'organisation. En fait, j'ai toujours essayé, subtilement, de prendre Brad en défaut, de le faire passer pour un homme lent et dépassé. »

Le moment de vérité était arrivé. Les deux hommes avaient le choix : soit ils décidaient de faire preuve de courage, d'authenticité et d'autorité, soit ils décidaient de retomber dans leur vieille ornière du chacun pour soi. Heureusement, ils décidèrent de faire le grand saut, de lâcher prise et d'explorer des territoires encore vierges.

« Miles, je suis désolé de m'être comporté en monsieur je-sais-tout et de t'avoir si souvent donné tort. Je m'excuse surtout d'avoir colporté des ragots sur ton compte.

— Brad, moi aussi je suis désolé d'avoir été si difficile à vivre. J'ai sans cesse cherché à te mettre dans l'embarras en faisant avec les copains des sarcasmes et des plaisanteries narquoises à ton sujet. »

C'est ainsi qu'ils s'accordèrent mutuellement un pardon indispensable, non sans avoir versé quelques larmes de soulagement et de joie. Ce fut un moment unique. L'air était chargé d'électricité. Les cœurs battaient fort. Les deux hommes se donnèrent l'accolade.

Après quelques minutes, nous passâmes à l'étape suivante : comment transmettre cette attitude nouvelle à toute l'organisation. J'expliquai qu'il fallait que l'organisation soit à l'aise avec ces *deux* façons de faire (celle de Miles et celle de Brad), et que de sérieux problèmes ne tarderaient pas à surgir si l'un ou l'autre cherchait à avoir le dessus et à imposer sa façon de faire.

Les deux hommes s'entendirent pour cesser de lutter l'un contre l'autre et pour essayer de s'apporter un soutien mutuel, de consolider la position de l'autre, de le rendre plus fort et plus efficace. Ils énumérèrent les obstacles susceptibles de saboter cette entente et déterminèrent la marche à suivre si cela se produisait. Enfin, ils firent le serment de cesser de propager des ragots et de se rencontrer régulièrement au cours des trois prochains mois pour suivre l'évolution de leur démarche.

Voilà ce que j'appelle du courage. Le lendemain, ils convoquèrent une réunion des cadres supérieurs. Brad arriva coiffé de son grand chapeau scout, tandis que Miles se présenta avec un chapeau de cow-boy et les faux pistolets de son fils de huit ans.

Lentement et consciencieusement, ils expliquèrent au groupe ce qui se passait entre eux, prenant même le temps d'expliquer en détail les éléments les plus embarrassants. Le groupe était abasourdi. Ils rirent ensemble. Ils versèrent quelques larmes. À la fin, Miles et Brad reçurent une ovation. Les résultats furent instantanés et saisissants.

Plusieurs clients se rendirent compte du changement. Les employés les mieux placés pour prendre le pouls d'une entreprise, c'est-à-dire les secrétaires de direction, remarquèrent elles aussi le changement. Les épouses le remarquèrent également, tout comme les dirigeants des autres entreprises du « holding ».

Depuis, nos deux hommes ont résolu ensemble plusieurs conflits, chose qui aurait été impossible dans le passé, admettent-ils. Miraculeusement, Brad, le scout toujours tendu, a appris à se détendre à un point tel qu'il a fait crouler de rire les employés lors d'une fête organisée par le personnel. Quant à Miles, il s'est vu accorder la responsabilité du budget, tâche qu'il assume fort bien.

L'événement le plus inattendu de cette histoire de courage et de leadership s'est produit la semaine dernière. Brad avait réuni les membres de son équipe de direction pour leur parler :

« C'est ma dernière année avec vous. Je prendrai ma retraite à la fin de la prochaine année. Je sais que vous vous demandez qui me remplacera comme chef de la direction. Je suis à la fois heureux et étonné de vous annoncer que ce sera Miles. C'est avec confiance et optimisme que j'envisage l'avenir de l'entreprise, car je sais que Miles possède tout ce qu'il faut pour occuper ce poste. »

C'est fantastique de voir ce qu'on peut accomplir quand on fait preuve de courage au bon endroit et au bon moment.

John SCHERER

On ne peut pas être intègre à 90 % ou à 95 % ;
on est intègre ou on ne l'est pas.

Peter SCOTESE

Un auditoire captif

Votre avenir dépend de plusieurs choses, mais il dépend d'abord et avant tout de vous.

Frank TYGER

Je partais en voyage et j'étais pressé. Je hélai un taxi devant l'immeuble résidentiel que j'habitais, à Manhattan. « Aéroport Kennedy », indiquai-je au chauffeur.

Lorsque je fus confortablement installé sur la banquette arrière, le chauffeur amorça une conversation sur un ton amical plutôt inhabituel pour un chauffeur de taxi new-yorkais.

« Bel immeuble que vous habitez, dit-il.

— En effet, répondis-je distraitement.

— Vous habitez là depuis longtemps ?

— Non.

— Je parie que vos placards sont tout petits », dit-il.

Il venait de capter mon attention. « Oui, dis-je. Très petits.

— Avez-vous déjà entendu parler des spécialistes en aménagement de placards ? demanda-t-il.

— Oui, je pense que j'ai vu une publicité ou un article à ce sujet dans le journal.

— Je fais du taxi à temps partiel, poursuivit-il, et je travaille aussi comme spécialiste en aménagement de placards. Je me rends à domicile et j'installe des tablettes, des tiroirs et toutes sortes d'accessoires de rangement dans les placards. »

Il me demanda ensuite si j'avais déjà songé à faire aménager mon placard.

« Je ne sais pas, dis-je. Il est vrai que j'aurais besoin d'un peu plus d'espace. N'y a-t-il pas une autre entreprise qui fait ce genre de travail, Californie quelque chose… ?

— Vous voulez dire Californie Placard Co. C'est la compagnie la plus importante dans le domaine. J'offre exactement le même service qu'eux, mais pour moins cher.

— Vraiment ?

— Oui », dit-il. Sur ce, le chauffeur m'expliqua en détail ce que font les spécialistes en aménagement de placards. Pour conclure, il ajouta :

« Si vous appelez Californie Placard et qu'ils viennent chez vous pour faire une estimation, demandez-leur de vous laisser une copie de leur plan. Ils commenceront par refuser, mais si vous leur dites que vous devez montrer le plan à votre femme ou à votre petite amie, ils accepteront de vous donner une copie. Ensuite, appelez-moi et je ferai la même chose, mais avec un rabais de 30 %.

— Ça me semble très intéressant, lui répondis-je. Tenez, prenez ma carte de visite. Appelez-moi au bureau et nous prendrons rendez-vous. »

Lorsque je lui tendis ma carte, il faillit faire une embardée.

« Oh ! mon Dieu ! s'écria-t-il. Vous êtes Neil Balter, le fondateur de Californie Placard ! Je vous ai vu à l'émission d'Oprah Winfrey et j'ai trouvé votre idée tellement bonne que j'ai décidé de la reprendre à mon propre compte. »

Il me regarda dans le rétroviseur pour m'examiner. « J'aurais dû vous reconnaître. Ça alors, monsieur

Balter, acceptez mes excuses. Je ne voulais pas dire que vos tarifs étaient trop élevés. Je ne voulais pas dire que…

— Calmez-vous, lui dis-je. J'aime votre style. Vous êtes un homme futé et vous êtes très accrocheur. Ce sont des qualités que j'admire. Vous avez un auditoire captif dans votre taxi et vous en tirez avantage. Il faut avoir du culot pour faire ce que vous faites. Appelez-moi et peut-être deviendrez-vous un de nos représentants ? »

Inutile de préciser qu'il est venu travailler pour nous. Il est d'ailleurs devenu un des meilleurs représentants de Californie Placard !

Neil BALTER

Pour obtenir une majorité, il suffit d'un seul individu et de beaucoup de courage.

Origine inconnue

Le courage de ses convictions

Jackie Robinson est passé à l'histoire lorsqu'il est devenu le premier Noir à jouer dans les ligues majeures de base-ball avec les Dodgers de Brooklyn. Le propriétaire des Dodgers à l'époque, Branch Rickey, avait dit à Robinson :

« Ça va être difficile. On va t'en faire voir de toutes les couleurs. Mais si tu es prêt à supporter cela, je vais t'appuyer jusqu'au bout. »

Rickey avait vu juste. Non seulement Jackie se fit abondamment insulter, mais il dut subir les assauts des joueurs qui lui rentraient carrément dedans en arrivant au deuxième but. Les injures à caractère raciste furent également monnaie courante, tant de la part des spectateurs et des joueurs des équipes adverses que de la part de ses propres coéquipiers.

Un jour, Robinson vécut un moment particulièrement difficile ; il venait de frapper deux roulants et les huées déferlaient telles des vagues jusqu'au marbre. Au beau milieu du match, devant des milliers de spectateurs, Pee Wee Reese, le capitaine des Dodgers, s'approcha de Robinson et passa son bras autour de ses épaules.

« Ce geste de Pee Wee a probablement sauvé ma carrière, déclara Robinson par la suite. Il m'a fait sentir que j'étais un membre à part entière de l'équipe. »

Assurez-vous que vos employés éprouvent le même sentiment.

Denis WAITLEY

9

Apprentissage et introspection

Vis pour apprendre et tu apprendras à vivre.

Proverbe portugais

L'aveugle

La croissance signifie le changement, et le changement implique le risque, c'est-à-dire le passage du connu à l'inconnu.

George SHINN

Les autobus, les trains, les avions et les aéroports sont des lieux de prédilection pour les confidences entre purs étrangers, car ceux-ci savent qu'ils ne se reverront probablement jamais. Au printemps de 1983, à l'aéroport La Guardia, alors que j'attendais mon avion, un gentleman costaud et élégamment vêtu vint s'asseoir à côté de moi et me confia l'histoire suivante.

Je termine ma journée de travail à mon bureau situé dans le centre-ville de Manhattan. Ma secrétaire est partie depuis une demi-heure et je me prépare à m'en aller à mon tour lorsque le téléphone sonne. C'est Ruth, ma secrétaire. Elle est dans tous ses états. « J'ai laissé une enveloppe importante sur mon bureau. Il faudrait la livrer immédiatement à l'Institut des aveugles. L'Institut est situé à quelques rues seulement du bureau. Pourriez-vous me rendre ce service ?

— Vous avez de la chance de me trouver encore ici ; j'allais justement partir. Je vais porter l'enveloppe pour vous. »

En entrant à l'Institut des aveugles, un homme court vers moi. « Vous êtes enfin arrivé. Nous devons commencer tout de suite. » Il me montre un fauteuil libre à côté de lui et m'invite à m'asseoir. Avant que je puisse dire quoi que ce soit, je me retrouve assis dans une rangée d'hommes et de femmes non aveugles, face à face avec une rangée d'hommes et de femmes aveugles. Un jeune homme d'environ 25 ans, l'animateur, est debout devant nous. Il commence à donner des directives.

« Dans un instant, je demanderai à ceux d'entre vous qui sont aveugles de découvrir la personne assise en face de vous. Il est important que vous preniez le temps nécessaire pour distinguer ses traits, la texture de ses cheveux, la grosseur de son ossature, le rythme de sa respiration, et ainsi de suite. À mon signal, vous vous pencherez vers la personne en face de vous et vous lui toucherez la tête, les cheveux, vous noterez s'ils sont frisés, raides, épais ou fins. Imaginez de quelle couleur ils sont. Ensuite, placez vos doigts sur son front. Palpez la peau, la grosseur des os. Utilisez vos deux mains pour explorer ses sourcils, ses yeux, son nez, ses pommettes, ses lèvres, son menton, son cou. Écoutez sa respiration ; est-elle calme ou rapide ? Pouvez-vous sentir son pouls ? Est-il rapide ou lent ? Prenez votre temps. Maintenant, allez-y. »

Je commence à paniquer. Je veux m'en aller. Je ne laisse personne me toucher sans ma permission, encore moins un homme. Voilà qu'il me touche les cheveux. Seigneur que c'est embarrassant. Maintenant, ses mains me tripotent le visage ; je transpire. Il va sentir que mon cœur bat vite, il saura que je panique. Faut que je me calme, faut pas qu'il sache que je suis mal à l'aise. Je me sens soulagé lorsque l'exercice se termine enfin.

« Maintenant, nous dit l'animateur, ce sont les participants non aveugles qui vont découvrir la personne assise en face d'eux. Fermez les yeux et imaginez que vous n'avez jamais vu cette personne. Décidez ce que vous voulez savoir à son sujet. Qui est-elle ? À quoi pense-t-elle ? Quels genres de rêves fait-elle ? Penchez-vous et commencez à toucher sa tête. Palpez la texture de ses cheveux. De quelle couleur sont ses cheveux ? »

Sa voix se perd. Sans même m'en rendre compte, je place ma main sur la tête de l'homme assis en face de moi. Ses cheveux sont secs et épais. Je ne me rappelle pas leur couleur. De toute façon, je ne me souviens jamais de la couleur des cheveux de qui que ce soit.

En fait, je n'ai jamais pris la peine de regarder véritablement quelqu'un. Je me contente de leur dire quoi faire. Les gens sont remplaçables pour moi ; je ne m'en suis jamais soucié. Mon travail est important, les affaires que je brasse sont importantes. Cette histoire de toucher d'autres gens, de les palper et de les découvrir, ce n'est pas pour moi et ça ne le sera jamais.

Je continue malgré tout de toucher les sourcils, le nez, les joues et le menton du jeune homme en face de moi. Je me sens au bord des larmes. Il y a dans mon cœur une tendresse que je ne connaissais pas, une vulnérabilité que je n'ai jamais révélée à personne, pas même à moi. Je la sens en cet instant même et j'ai peur. Il est évident que je vais m'esquiver dans un moment. Je vais m'en aller et ne plus jamais revenir.

Des rêves ? Est-ce que le jeune homme en face de moi fait des rêves ? Pourquoi me poserais-je cette question ? Il n'est rien pour moi. J'ai deux adolescents à la maison, et je ne sais même pas à quoi ils rêvent. De toute façon, ils ne pensent qu'aux voitures, aux sports et aux filles. Nous ne parlons pas beaucoup. Je ne crois pas qu'ils m'aiment. Je ne crois pas que je les comprends. Ma femme, eh bien, elle fait ses trucs et je fais les miens.

Maintenant, je transpire et je respire péniblement. L'animateur nous dit d'arrêter. J'enlève ma main et je m'adosse. « Maintenant, explique-t-il, nous allons passer à la dernière étape de l'exercice. Vous disposez de trois minutes chacun pour parler à l'autre de l'expérience que vous venez de vivre. Dites à votre partenaire ce que vous avez pensé et éprouvé durant l'exercice. Dites-lui ce que vous avez appris de lui ou d'elle. Les participants aveugles commencent. »

Mon partenaire s'appelle Henry. Il me dit qu'il s'est d'abord senti à part : il croyait qu'il n'aurait pas de partenaire. Il est content que je sois arrivé à temps. Il pense qu'il m'a fallu beaucoup de courage pour prendre le risque d'émouvoir et de ressentir. « Vous m'avez impressionné, continue-t-il, car vous avez très bien fait l'exercice en dépit de votre résistance. Votre cœur est très seul et très grand. Vous voulez plus d'amour dans votre vie mais vous ne savez pas comment le demander. J'admire votre détermination à découvrir en vous l'aspect qui vous rend unique. Je sais que vous vouliez vous en aller, mais vous êtes resté. J'ai éprouvé la même chose quand je suis venu ici la première fois. Mais maintenant, je n'ai plus peur de qui je suis. J'accepte de pleurer, d'avoir peur, de paniquer, de vouloir m'enfuir, de me fermer aux autres, de me réfugier dans mon travail. Ce sont là des émotions normales que j'apprends à accepter et à apprécier. Vous allez peut-être vouloir passer plus de temps ici et apprendre à vous découvrir. »

Je regarde ce jeune aveugle du nom de Henry et je pleure ouvertement. Je suis incapable de parler. Il n'y a rien à dire. Je ne suis jamais venu dans un endroit comme celui-ci. Je n'ai jamais senti autant d'amour inconditionnel et de sagesse. La seule chose que je me souviens de lui avoir dite, c'est : « Tes cheveux sont bruns et tes yeux sont clairs ». Henry est probablement la première personne au monde dont je n'oublierai jamais les yeux. C'était moi l'aveugle et c'était lui qui avait la capacité de voir qui il était.

La rencontre se termine. Je reprends l'enveloppe sous mon siège et je la tends à l'animateur. « Ma secrétaire était censée vous l'apporter plus tôt dans la soirée. Désolé du retard. »

L'animateur sourit et prend l'enveloppe en disant : « C'est la toute première fois que j'anime une soirée de ce genre. J'attendais cette enveloppe parce qu'elle contient des documents qui expliquent comment procéder. Comme je ne l'ai pas reçue à temps, j'ai dû improviser. Je ne me suis pas rendu compte que vous n'étiez pas un des participants habituels. Je vous prie de nous excuser. »

Je n'ai jamais dit à personne, pas même à ma secrétaire, que je vais à l'Institut des aveugles deux soirs par semaine. Je ne sais pas comment l'expliquer, mais je pense que je commence à éprouver de l'affection pour les gens. Ne dites à personne de Wall Street que je vous ai dit cela. Vous savez, nous vivons dans un monde où les loups se mangent entre eux et je dois rester au-dessus de tout cela, ou peut-être que je me trompe à ce sujet. On dirait que je n'ai plus de réponses à rien.

Je sais que j'ai beaucoup de choses à apprendre pour que mes fils en viennent un jour à me respecter. C'est drôle, mais c'est la première fois que je dis cela. Les enfants sont censés respecter leurs parents, c'est du moins ce que tout le monde dit. En fait, peut-être que ça devrait être réciproque. Peut-être pouvons-nous apprendre à nous respecter mutuellement. Pour l'instant, j'apprends à me respecter et à m'aimer.

Helice BRIDGES

Un professionnel hors de l'ordinaire

La seule vraie mesure du succès est de donner un meilleur service que celui auquel on s'attend.

Og MANDINO

Je me réfugiai au fond de la salle d'inventaire, appuyai mon front contre le mur et m'abandonnai à quelques instants de désespoir. Allais-je vivre ce genre d'existence jusqu'à la fin de mes jours ? J'avais fini mes études depuis deux ans et j'occupais encore un emploi inintéressant et mal payé qui ne menait nulle part. Jusqu'à maintenant, j'avais évité de me poser la question en essayant tout simplement de ne pas y penser, mais maintenant, pour une raison que j'ignorais, cette terrible possibilité m'angoissait. La seule pensée de vivre ainsi pour le reste de ma vie me vidait de toute mon énergie. Je demandai congé en me prétendant malade, rentrai chez moi, me couchai dans mon lit et essayai d'oublier ce que demain et tous les autres demains me réservaient.

Le lendemain matin, j'avais les idées moins noires mais je me sentais presque aussi déprimé que la veille. Apathique, je me rendis au travail en sachant combien mes tâches seraient pénibles et inutiles.

Il y avait de nouveaux employés ce matin-là, des travailleurs temporaires encore moins qualifiés que moi. L'un d'entre eux attira mon attention. Il était plus vieux que les autres et portait un uniforme. Pourtant, la compagnie ne fournissait pas d'uniforme ; en fait, la compagnie se fichait bien de ce qu'on portait, pourvu qu'on se présente à l'heure le matin. Mais ce gars-là était sur son trente et un. Son pantalon brun était parfaitement pressé et sa chemise de travail portait une étiquette sur laquelle était brodé son nom, Jim. J'imagine qu'il s'était lui-même procuré cet uniforme.

Je l'observai toute la journée et toutes les autres journées où il travailla avec nous. Il n'était jamais en retard ou en avance. Il travaillait à un rythme régulier, non précipité. Il se montrait amical avec tout le monde, mais il parlait rarement pendant qu'il travaillait. Il prenait ses pauses de l'avant-midi et de l'après-midi comme tout le monde, mais contrairement à plusieurs, il ne dépassait jamais leur durée.

Certains employés apportaient leur repas dans un sac de papier brun, mais la plupart d'entre nous se procuraient leur dîner dans les machines distributrices. Jim ne faisait ni l'un ni l'autre. Il apportait son dîner dans un Tupperware et son café dans une bouteille Thermos. L'un et l'autre étaient usés par le temps. Alors que les autres employés ne se ramassaient pas toujours après le dîner, Jim laissait chaque fois sa place immaculée et, évidemment, il retournait à la chaîne de montage à l'heure exacte. Il n'était pas que singulier, il était remarquable !

Jim était le genre d'employé dont les patrons rêvent. Malgré cela, ses confrères de travail l'aimaient aussi. Jim n'essayait pas d'impressionner. Il faisait ce qu'on attendait de lui, pas plus, pas moins. Il ne faisait pas de commérage, ne se plaignait pas et ne discutait pas. Il se contentait de faire son travail – un travail de manœuvre – avec une dignité personnelle que j'aurais jugée impensable pour un emploi aussi déprimant.

Son attitude ainsi que ses moindres gestes exprimaient le professionnalisme. Son poste de manœuvre était peut-être ordinaire, mais lui ne l'était pas.

Une fois son contrat temporaire terminé, Jim nous quitta pour aller travailler ailleurs, mais l'impression qu'il me laissa, elle, ne me quitta pas. Je n'avais pas une seule fois parlé à Jim, mais il avait changé complètement ma façon de voir les choses. Je fis du mieux que je pus pour suivre son exemple.

Je ne me procurai ni uniforme ni Tupperware, mais je commençai à viser l'excellence. Je me mis à travailler tel un homme d'affaires qui remplissait un contrat, comme Jim l'avait fait. À mon grand étonnement, les patrons remarquèrent ma nouvelle productivité et me donnèrent une promotion. Quelques années plus tard, je m'accordai moi-même une promotion en acceptant un emploi mieux payé dans une autre compagnie. Et je continuai ainsi.

Plusieurs emplois et plusieurs années plus tard, j'ai fini par mettre sur pied ma propre entreprise. Je dois ma réussite au travail acharné et à un peu de chance, mais je pense que la leçon apprise de Jim, il y a si longtemps, compte pour beaucoup dans la chance que j'ai eue. Le respect ne réside pas dans le genre de travail que l'on fait, mais plutôt dans la façon dont on fait son travail.

Kenneth L. SHIPLEY

Il faut vingt ans de préparation
pour connaître un triomphe d'un soir.

Eddie CANTOR

Maman a raison

Nous avons 40 millions de raisons pour expliquer l'échec, mais pas une seule excuse.

Rudyard KIPLING

Au début des années 1980, je travaillais comme directeur des ventes pour une grande entreprise. Une de mes responsabilités consistait à former les représentants de commerce. Je faisais du bon travail. J'expliquais aux représentants qui assistaient à mes séances de formation que le manque de temps et les conditions défavorables n'étaient que des excuses faciles pour justifier l'absence de résultats.

Ma mère vivait près de chez moi à l'époque. Issue d'une famille de douze enfants, elle était peu instruite. Jeune, elle quitta la Grèce pour émigrer aux États-Unis. Le plus difficile pour elle fut de se séparer de sa parenté et de ses amis. Certains d'entre eux vinrent également s'établir en Amérique, mais ils habitaient dans des quartiers très éloignés les uns des autres dans la grande ville où nous vivions.

Le point culminant de la semaine était le dimanche, lorsqu'elle faisait une heure d'autobus pour se rendre à l'église. Après la messe, devant une tasse de café grec, elle et ses amis bavardaient et s'échangeaient les dernières nouvelles à propos de leurs familles. Elle se livra à ce rituel pendant trente ans.

Avec le temps, la population grecque de notre quartier augmenta suffisamment pour justifier la construction d'une église. On forma un comité qui décida de vendre des billets de tombola pour amasser le capital initial. Sans hésiter, ma mère offrit ses services. Elle ne possédait aucune formation en vente, mais cela ne lui avait même pas effleuré l'esprit. Son plan était simple : parler au plus grand nombre de personnes possible pour leur vendre des billets, et les culpabiliser s'ils refusaient d'en acheter.

C'est ici que j'entrai en jeu. Ma mère se disait que j'étais quelqu'un d'important et que je connaissais sûrement un tas de gens. Elle me donna donc dix livrets de dix billets, d'une valeur de un dollar chacun, pour un grand total de 100 dollars. Une semaine plus tard, je revins la voir avec seulement la moitié des billets vendus. Funeste erreur !

« Si seulement j'avais eu plus de temps, je les aurais tous vendus, dis-je à ma mère. Le temps m'a manqué.

— C'est de la bouillie pour les chats. Ou tu fais quelque chose, ou tu trouves mille excuses pour ne rien faire, répliqua-t-elle. Tu as eu le temps d'aller au restaurant, de regarder la télé, de faire ton jogging, d'aller au cinéma. Le temps n'a rien à voir. Rien ! Tu te crois malin avec tous tes diplômes et ton travail important, mais tu n'es même pas capable de dire la vérité. »

Après m'avoir dit mes quatre vérités, elle éclata en sanglots. J'étais anéanti. Je lui proposai alors d'acheter moi-même le reste de mon livret de billets. Elle cessa immédiatement de pleurer et me dit : « Quand tu veux obtenir quelque chose, prends tous les moyens à ta disposition pour l'obtenir, y compris pleurer. » Ensuite, elle ajouta en souriant :

« Je savais que mes larmes auraient de l'effet sur toi. Tiens, voilà dix autres livrets pour m'avoir servi des excuses aussi pathétiques. Maintenant, va-t'en et vends-les tous. » En comparaison d'elle, mon titre de directeur des ventes paraissait dérisoire.

Ma mère me montra qu'en refusant de se trouver des excuses, elle pouvait obtenir des résultats renversants. Elle parvint à vendre plus de billets que tous les autres bénévoles, dans une proportion de 14 pour 1. Elle vendit *sept mille* billets ! Son rival le plus proche était un voisin qui en avait vendu cinq cents.

J'appris une nouvelle définition des mots temps et résultats. J'avais toujours voulu posséder ma propre entreprise, mais je me répétais sans cesse que le moment n'était pas propice et que je manquais d'argent. Toutefois, les paroles de ma mère résonnaient encore dans mon esprit :

« Ou tu fais quelque chose pour obtenir ce que tu veux, ou tu trouves mille excuses pour ne rien faire. »

Six mois plus tard, je remis ma démission pour démarrer ma propre entreprise de formation en gestion du temps. Pour dire franchement, dans quel autre domaine aurais-je pu me lancer ?

Nicholas ECONOMOU

Le moteur des entraîneurs

L'enthousiasme est le carburant qui fait fonctionner le moteur de la vie à plein régime...

B.C. FORBES

C'était en juillet. Je repensais aux derniers mois. Après un camp d'entraînement difficile et une saison particulièrement ardue, l'année avait été très épuisante. Deux saisons auparavant, à titre d'entraîneur-chef de l'équipe de football du Canisius College de Buffalo, j'avais accepté un défi presque impossible à relever : diriger un programme de football là où il n'y en avait pas eu depuis vingt-cinq ans. Après avoir ratissé tous les coins et visité d'innombrables écoles et gymnases, j'avais rassemblé ce qui allait être le plus beau groupe de nouveaux talents de toute ma carrière.

Une voix me sortit de ma rêverie. Ma secrétaire m'informa qu'un jeune homme insistait pour me rencontrer ; en fait, me dit-elle, il ne demandait pas à me voir, il semblait l'exiger. Je demandai à ma secrétaire si ce garçon avait l'allure d'un « joueur de football » (gros, méchant et sûr de lui). « Non, il a l'air d'un type qui veut jouer, faire la fête et étudier de temps à autre », me répondit-elle.

Je demandai à ma secrétaire de dire au garçon que je le recevrais, de s'enquérir de la position à laquelle il jouait et de lui faire remplir une fiche de renseignements.

Elle revint au bout de trente secondes. « Il mesure 1,75 m, pèse 75 kg et joue à la position d'ailier défensif.

Il ne fera jamais le poids. » Nos deux ailiers défensifs réguliers pesaient chacun plus de 100 kg. Ils mesuraient plus de 1,85 mètre et étaient membres de l'équipe depuis deux ans.

Tous les entraîneurs de football collégial vous le diront : un pourcentage appréciable de notre temps est accaparé par des athlètes « en herbe » qui insistent pour jouer, mais qui disparaissent finalement quand commencent les entraînements. Je me préparai donc à aller dire à ce garçon de retourner chez lui. Toutefois, rien n'aurait pu me préparer à ce qui allait se produire, non seulement au cours des trente secondes qui suivirent, mais pour le reste de ma vie.

Je n'étais pas tout à fait sorti de mon bureau qu'un véritable déluge d'enthousiasme m'inonda.

« Salut, coach Brooks. Je m'appelle Michael Gee. Ça s'épelle G-E-E ! Je parie que vous n'avez jamais entendu parler de moi. Mais ça ne va pas tarder, je vous le garantis ! »

Je répondis : « Tu as raison, mon gars. Je ne sais pas du tout qui tu es ou même, franchement, ce que tu fais ici. Notre recrutement est terminé et le camp d'entraînement commence dans six semaines. Notre liste de joueurs est complète. Je suis désolé, mais...

— Coach, je me suis déjà informé à ce sujet. Le football est une activité étudiante. J'ai posé ma candidature et j'ai été accepté comme recrue. Je veux faire partie de l'équipe. Et vous devez me donner une chance. Je connais les règles. Mais laissez-moi d'abord vous dire comment je peux vous aider. L'an dernier, avant le début de la saison, on m'avait sélectionné pour faire partie d'une équipe d'élite. J'ai commencé la saison, mais je n'avais pas d'énergie. J'étais toujours fatigué et incapable de m'appuyer sur ma jambe. J'ai consulté un médecin. Les nouvelles étaient mauvaises. On a découvert une tumeur maligne dans ma cuisse. Mais ça va mieux maintenant, Coach. Je vous le jure. Grâce à la chimiothérapie et à la réadaptation, tout est rentré dans l'ordre. Je me suis même remis au conditionnement physique ! Coach, je sais que je peux vous aider. Je vous le garantis ! Je peux courir deux kilomètres sans m'arrêter. »

J'étais vraiment décontenancé. J'insistai d'abord pour avoir un certificat médical. Il m'en donna un. Je lui demandai ensuite l'autorisation de ses parents. Il me tendit une lettre signée par eux. J'étais coincé.

Il s'avéra que Michael Gee joua pour moi pendant les quatre années suivantes. Et honnêtement, ce fut une chance pour moi de l'avoir dans l'équipe. Après seulement trois parties, Michael se tailla une place dans l'équipe de départ. Il mena l'équipe pour les plaqués et les plaqués du quart. Véritable bougie d'allumage, il devint le capitaine de l'équipe, puis un joueur étoile dans la ligue ! De plus, il était premier de classe et participait à toutes les activités étudiantes.

Plus important encore, Michael Gee savourait la vie. Quand j'eus la chance de remporter ma 50e victoire à titre d'entraîneur, Mike Gee fut le premier joueur à me féliciter. Chaque fois que l'équipe remportait la victoire sur notre plus grand rival, Mike Gee me portait sur ses épaules. Chaque fois que l'équipe subissait une défaite crève-cœur, Mike Gee était le premier à dire : « Eh Coach, ce n'est qu'un jeu ! » Mike Gee fut également le premier gardien d'enfant de notre fils. En fait, j'espère qu'un jour mon enfant lui ressemblera.

Je me demande souvent pourquoi ce jeune homme est entré dans ma vie. Évidemment, j'ignore la réponse, mais il y a une chose que je sais : Mike Gee m'a appris plus que ce que j'ai pu lui enseigner. Et c'est là le plus beau des cadeaux, celui qui donne aux entraîneurs le goût de continuer.

Williams T. BROOKS

Remède contre le stress

Ne vous inquiétez donc pas pour le lendemain : le lendemain s'inquiétera de lui-même. À chaque jour suffit sa peine.

MATTHIEU 6 : 34

Lors de ma première année d'université, alors que je vivais toutes sortes d'incertitudes quant à mon avenir scolaire et professionnel, j'eus la chance de rencontrer le président émérite et doyen de mon établissement d'enseignement. Ses apparitions publiques étaient rares. Assis parmi un petit groupe d'étudiants nerveux, j'attendais impatiemment l'arrivée de cet homme qui était réputé pour son excellence et sa sagesse non seulement sur le campus, mais partout au pays et à l'étranger.

Le Dr O.P. Kretzman arriva dans un fauteuil roulant, l'air vieux, la vue défaillante. On aurait pu entendre une mouche voler. Après avoir parlé de lui, trop brièvement à mon avis, il nous demanda si nous avions des questions à lui poser. Personne n'osait parler. Or je savais pertinemment que cette rencontre était une occasion à ne pas rater ; je pris donc mon courage à deux mains et décidai de briser la glace en posant une question.

« Quel conseil donneriez-vous aux étudiants de première année, compte tenu de tous les choix et de toutes les incertitudes devant lesquels nous nous trouvons ? » Sa réponse fut simple et éloquente. « Prenez une bouchée à la fois. » Rien de plus, rien de moins. Un excellent remède contre le stress pour cette période de ma vie et pour toutes les autres qui allaient venir.

Après vingt ans sur le marché du travail, j'ai trouvé plusieurs autres remèdes qui combattent le stress et qui contribuent au mieux-être. Servez-vous !

1. Changez vos priorités.
2. Prenez le temps de vous étirer.
3. Arrêtez-vous un moment et observez.
4. Révisez vos objectifs.
5. Faites-vous donner un massage.
6. Partez cinq minutes plus tôt.
7. Allez voir une comédie au cinéma.
8. Lâchez prise et laissez faire Dieu.
9. Utilisez des affirmations.
10. Organisez votre espace.
11. Exprimez vos sentiments.
12. Humez le parfum des fleurs.
13. Demandez la reconnaissance des autres.
14. Écoutez votre intuition.
15. Aidez quelqu'un.
16. Massez-vous les mains et les pieds.
17. Visualisez un dénouement positif.
18. Prenez soin de votre santé.
19. Ne jugez pas ; bénissez.
20. Jardinez.
21. Faites-vous un budget.
22. Manifestez de l'empathie plutôt que des réactions excessives.
23. Trouvez-vous des moments de tranquillité et méditez.
24. Servez-vous de la technologie ; elle fait économiser du temps.

25. Utilisez un service de covoiturage et laissez-vous conduire.
26. Réservez-vous du temps pour planifier.
27. Appréciez ce que vous avez de précieux.
28. Prenez des notes au lieu d'oublier.
29. Simplifiez, simplifiez, simplifiez.
30. Parlez-en avec vos collègues.
31. Cessez de vous dénigrer.
32. Réservez-vous du temps pour vous amuser.
33. Changez votre environnement.
34. Suivez votre rythme naturel.
35. Donnez libre cours à vos talents.
36. Exprimez-vous pleinement.
37. Considérez les obstacles comme des occasions à saisir.
38. Éliminez les « si... » de votre vocabulaire.
39. Clarifiez ce qu'on attend de vous.
40. Demandez conseil aux spécialistes.
41. Faites de votre mieux puis laissez la vie faire le reste.
42. Dieu choisit le moment et la manière ; faites-lui confiance.
43. Cultivez la patience.
44. Respirez profondément.
45. Faites une promenade à pied.
46. Terminez ce que vous commencez.
47. Faites une sieste.
48. Chantez.
49. Prenez un bain chaud.
50. Confiez vos inquiétudes.
51. Déléguez.
52. Parlez avec vos parents.
53. Sachez dire non.
54. Modifiez vos dates limites.

55. Suivez votre passion.
56. Racontez une blague.
57. Confrontez vos peurs.
58. Buvez beaucoup d'eau.
59. Bâtissez-vous un réseau de soutien.
60. Divisez vos gros projets en petits projets.
61. Demandez conseil.
62. Faites preuve d'indulgence envers vous-même.
63. Ne soyez pas complice des autres.
64. Priez pour que des portes s'ouvrent.
65. Dites la vérité.
66. Assurez-vous d'avoir un sommeil réparateur.
67. Pardonnez et passez à autre chose.
68. Préparez des repas à l'avance.
69. Réparez ou alors remplacez par du neuf.
70. Soyez prêt à attendre.
71. N'essayez pas de toujours avoir raison.
72. Concentrez-vous sur le présent.
73. Prenez le temps de dîner.
74. Lisez un livre.
75. Changez votre attitude.
76. Riez quotidiennement.
77. Cultivez l'estime de soi.
78. Prenez des suppléments vitaminiques.
79. Éliminez les « je devrais » de votre vocabulaire.
80. Évitez les excès.
81. Planifiez des sorties spéciales.
82. Sachez voir ce que cachent les illusions.
83. Relâchez vos muscles.
84. Ralentissez et prenez le temps de regarder.
85. Prenez soin de vos amis.
86. Profitez de la nature.
87. Écoutez de la musique.
88. Limitez la caféine et le sucre.

89. Faites un jeûne ou une cure.
90. Soyez spontané.
91. Aimez votre compagnon ou compagne de vie.
92. Allez prendre l'air.
93. Faites-vous dorloter.
94. Faites du travail bénévole.
95. Joignez-vous à un réseau d'entraide.
96. Maintenez une bonne posture.
97. Respectez vos limites.
98. Faites de l'exercice régulièrement.
99. Allez danser.
100. Soupirez à l'occasion.
101. Adonnez-vous au yoga.
102. Pleurez un bon coup.
103. Trouvez-vous un passe-temps.
104. Limitez vos heures de travail.
105. Faites des compromis et coopérez.
106. Ne remettez rien au lendemain.
107. Débranchez votre téléphone ou votre télé.
108. Baissez la barre.
109. Notez vos pensées dans un journal.
110. Prenez des vacances.
111. Rangez votre bureau.
112. Cultivez la flexibilité.
113. Acceptez vos défauts.
114. Ne surchargez pas votre agenda.
115. Confiez vos secrets.
116. Renforcez votre corps.
117. Cultivez votre foi.
118. Ouvrez un compte d'épargne.
119. Prenez un peu de soleil.
120. Aimez et laissez-vous aimer.
121. Tenez-vous-en aux faits.
122. Travaillez en équipe.

123. Souriez et ouvrez votre cœur.
124. Valorisez-vous.
125. Rêvassez.
126. N'oubliez pas que Dieu vous aime !

Tim CLAUSS

Tout un leadership

Mieux vaut être bienfaisant que bien-pensant.

Thomas HUXLEY

Je suis né en Afrique du Sud, deux ans avant que l'apartheid soit institué en système politique et social. J'ai été élevé avec tous les privilèges des Sud-Africains blancs ainsi qu'avec la certitude que les gens situés aux plus hauts rangs de l'autorité étaient aussi les plus compétents. Lorsque j'eus mon premier emploi, un homme corrigea pour toujours cette fausse croyance.

À l'âge de 20 ans, je quittai les plages blanches de Cape Town où j'avais grandi pour aller faire carrière à Johannesburg. « Egoli », ville de l'or, fourmillait de millions d'ouvriers non qualifiés venant de diverses tribus. Comme moi, ils étaient venus au cœur de l'Afrique du Sud pour profiter de ses richesses.

La différence, c'est qu'ils travaillaient – souvent dans des conditions pénibles et sans perspectives d'avenir – pour se nourrir et pour nourrir leurs familles restées dans des villages situés à des centaines de kilomètres de distance, alors que je travaillais en sachant que mes sacrifices me permettraient de gravir les échelons jusqu'au niveau de la direction.

Je travaillais dans une manufacture. La compagnie m'avait demandé de passer quelques mois dans chaque département de la manufacture pour apprendre son fonctionnement général. Le but était de me familiariser avec tous les départements afin de me préparer à travailler au niveau de la direction.

Dans le premier département, je devais (moi, le débutant) superviser huit hommes d'expérience. Vous vous demandez peut-être pourquoi un simple apprenti se voyait confier une telle responsabilité. Dans l'Afrique du Sud de l'époque, la réponse était simple : j'étais blanc alors qu'ils étaient noirs.

Un matin, au printemps de cette année-là, je fus demandé au bureau du directeur général, M. Tangney. Je me dirigeai vers les somptueux bureaux de la direction, les mains tremblantes. Je savais ce que personne n'avait osé dire : j'étais incompétent. Pendant des semaines, j'avais supervisé la fabrication de valves de robinets en laiton de grande précision. Sous ma direction, l'équipe avait produit un pourcentage inacceptable de ferraille.

« Assoyez-vous, mon garçon, dit M. Tangney. Je suis très satisfait de vos progrès. J'ai un travail spécial à vous confier à vous et votre équipe. Cet été encore, la grêle promet d'être mauvaise. L'an dernier, elle a endommagé ma voiture et les voitures de trois autres directeurs. Nous aimerions que vous et votre équipe construisiez un grand abri pour nos voitures.

— Mais monsieur, balbutiai-je, je ne connais rien à la construction ! » Tangney fit mine de ne pas m'entendre.

Je fis donc de mon mieux pour déterminer et commander les matériaux dont nous aurions besoin, puis nous amorçâmes les travaux. Mes hommes étaient particulièrement silencieux pendant qu'ils exécutaient mes ordres. Je leur demandai de mesurer, de scier et de clouer ensemble des planches de manière à obtenir plusieurs grands panneaux. Je prévoyais de fixer ces panneaux de façon à former des murs et un toit solide. Une fois les panneaux terminés, l'assemblage put commencer. J'étais nerveux. Mes hommes, eux, demeuraient silencieux.

Pendant que les autres observaient, j'aidai un des membres de l'équipe, Philoman, à mettre en place un des lourds panneaux. Philoman parlait très peu notre langue. Avant cet instant où je l'aidai à soulever le panneau, je ne l'avais jamais regardé dans les yeux. Comme tous les Noirs qui vivaient en Afrique du Sud à cette époque, Philoman avait appris à éviter le regard des Blancs (le contraire eût été considéré comme un affront). Or pour déplacer le gros panneau nous dûmes, faute de pouvoir nous parler, communiquer par le regard afin de coordonner nos mouvements. Je n'oublierai jamais ses yeux. Au moment où je le regardai et qu'il me regarda, mon identité de superviseur disparut ; je vis non pas un Noir essayant de soulever une charge, mais un confrère de travail.

Malheureusement, mes calculs s'avéraient encore une fois très inexacts. Voyant mon découragement, Philoman appela les autres travailleurs.

Tous les membres de l'équipe se rassemblèrent autour de Philoman, parlant et gesticulant avec excitation. J'eus l'impression qu'ils étaient en train de décider de mon sort. Ensuite, Philoman traça un schéma dans le sable avec un bâton, en même temps qu'il parlait en s'époumonant. À l'occasion, un des hommes ajoutait quelque chose au schéma. Par la suite, je dus me contenter d'observer, impuissant, les membres de l'équipe qui corrigeaient mes erreurs sous la direction de Philoman. Au bout de quelques heures, l'équipe fut satisfaite de l'abri. Après avoir rassemblé tous les hommes, Philoman fit un grand sourire malgré la sueur qui couvrait son visage et dit en me regardant : « Basie, nous avons réparé. »

Je lui en fus reconnaissant, non seulement pour l'abri lui-même, mais pour la leçon qu'il me donna en matière de leadership.

Et ce n'est pas tout. Avec compassion et humilité, il me montra l'apartheid sous son vrai jour ainsi que le mensonge qu'il perpétuait. Je compris que le statut n'avait rien à voir avec la compétence.

Quelques mois après cet incident, je quittai cet emploi. J'étais devenu un jeune homme beaucoup mieux avisé.

Michael SHANDLER, ED.F.

L'essence même du génie, c'est de mettre
en pratique les idées les plus simples.

Charles PEGUY

Que jaillisse ta lumière

Dans une petite ville reculée, un jeune homme ouvrit un commerce, un bazar plus exactement, à l'intersection de deux rues. C'était un type bien. Honnête et affable, il était aimé de tous. Les gens achetaient sa marchandise et parlaient de lui à leurs amis. Ses affaires prospérèrent tant et si bien qu'il dut agrandir son magasin. En quelques années, son commerce se transforma en une chaîne de magasins qui s'étendait d'un océan à l'autre.

Un jour, il tomba malade. À l'hôpital, les médecins croyaient qu'il allait bientôt mourir. L'homme fit alors venir ses trois enfants d'âge adulte et leur lança le défi suivant : « L'un de vous trois deviendra président de l'entreprise que j'ai bâtie au fil des ans. Pour déterminer lequel d'entre vous mérite de diriger mon entreprise, je vous donne à chacun un billet de un dollar. Partez immédiatement et achetez tout ce que vous pouvez avec ce dollar. Toutefois, lorsque vous reviendrez me voir ce soir, ce que vous aurez acheté devra remplir entièrement cette chambre. »

Emballés à l'idée de diriger une entreprise si prospère, les enfants se rendirent en ville pour dépenser leur dollar. Lorsqu'ils revinrent le soir venu, le père demanda : « Enfant numéro un, qu'as-tu fait avec ton dollar ?

— Eh bien, papa, je suis allé voir un de mes amis qui est fermier, dit-il, et je lui ai donné un dollar contre deux balles de foin. » L'enfant numéro un sortit alors de la chambre, revint avec les balles de foin, les défit et se mit à lancer le foin dans les airs. Pour un instant, le foin envahit toute la pièce. Toutefois, il retomba peu à peu sur le plancher, et la chambre n'était plus complètement remplie comme l'avait exigé le père.

« Et toi, enfant numéro deux, qu'as-tu fait avec ton dollar ?

— Je suis allé chez Sears, dit-il, et j'ai acheté deux oreillers de plume. » Il alla chercher les deux oreillers, les ouvrit et lança les plumes partout dans la chambre. Au bout d'un moment, cependant, les plumes retombèrent sur le plancher. La chambre n'était toujours pas remplie.

« Et toi, enfant numéro trois, ajouta le père, qu'as-tu fait avec ton dollar ?

— J'ai pris votre dollar, père, et je suis allé dans un magasin semblable à votre ancien magasin, dit le troisième enfant. J'ai donné mon dollar au propriétaire et je lui ai demandé un peu de monnaie : des pièces de 25 *cents*, de 10 *cents* et de 5 *cents*. J'ai investi 50 *cents* dans une œuvre très louable, comme le prescrit la Bible. Ensuite, j'ai versé 20 *cents* à deux organismes de bienfaisance de notre ville, puis 20 *cents* à notre église. Il me restait une pièce de 10 *cents*. Avec cette pièce, j'ai acheté deux choses. »

Le fils fouilla dans sa poche. Il en sortit une boîte d'allumettes et une petite bougie. Il alluma la bougie et éteignit la lampe. La chambre était maintenant remplie. Entièrement remplie. Elle n'était pas remplie de foin ou de plumes, mais de lumière.

Le père était comblé. « Bien joué, mon fils. Tu seras président de mon entreprise parce que tu as compris une chose capitale au sujet de la vie : tu sais comment faire jaillir ta lumière. C'est très bien. »

Nido QUBEIN

Éveil spirituel à la Banque mondiale

La vie m'a enseigné au moins une chose : si quelqu'un avance avec confiance en direction de ses rêves et qu'il s'efforce de mener l'existence qu'il a imaginée, il jouira d'une réussite hors du commun.

Henry David THOREAU

Vers la fin de 1992, j'étais sur le point de terminer la deuxième ébauche de mon livre, *A Guide to Liberating Your Soul* (*Petit guide pour libérer votre âme).* Je décidai de le faire lire à une douzaine de collègues de la Banque mondiale qui étaient engagés dans une quête spirituelle, histoire de discuter ensuite des idées et théories formulées dans mon bouquin. J'avais prévu une série de six rencontres autour d'un sandwich.

Quelques semaines plus tard, j'acceptai un nouveau poste stimulant d'adjoint d'un des vice-présidents. Deux collègues qui avaient participé à nos repas de discussion me demandèrent si j'étais intéressé à mettre sur pied un groupe d'étude spirituel. Incertain d'avoir le temps de former un tel groupe, je cherchai conseil en mon for intérieur – je décidai d'attendre un signe de mon âme avant d'accepter.

Peu de temps après, deux femmes que je ne connaissais pas me téléphonèrent. Elles avaient lu le compte rendu d'un séminaire que j'avais donné en Afrique du Sud au sujet de la « Libération de l'âme ». Ces femmes travaillaient également à la Banque mondiale et me demandèrent si j'étais intéressé à former un groupe d'étude spirituel. Je leur répondis que je disposais de peu de temps pour former un groupe, mais elles me dirent de ne pas m'inquiéter : « Dites-nous quoi faire et nous le ferons. » Je venais de recevoir le signe que j'attendais. C'est ainsi que naquit la Société d'éveil spirituel (SES). Voici quels étaient les objectifs de notre groupe :

- promouvoir la transformation personnelle par le biais de la connaissance et de la compréhension de soi, et favoriser l'éveil d'une conscience supérieure ;
- établir un lieu de rencontre où il serait bon d'échanger des croyances et des idées qui favorisent l'éveil spirituel ;
- encourager l'intégration d'une conscience supérieure dans tous les aspects de nos vies ;
- favoriser la création au sein de la Banque mondiale d'une conscience d'amour et chercher à comprendre ce qui contribue à transformer nos rapports les uns avec les autres.

Quelques mois après notre première rencontre, une quarantaine de personnes assistaient régulièrement à nos réunions. Au départ, certains craignaient la réaction des employés à l'égard de notre groupe ; toutefois, la participation au SES devint rapidement une activité parfaitement honorable.

Notre groupe bénéficia ensuite d'un énorme coup de pouce : le *Washington Post* publia un article à notre sujet. La direction fut particulièrement enchantée de la citation suivante : « La Banque mondiale (...), qu'on considère généralement comme faisant tout simplement partie des fondements institutionnels du pouvoir de

Washington, est en train d'acquérir une réputation de lieu d'éveil spirituel. » À la suite de cet article, nous reçûmes des appels téléphoniques de gens qui travaillaient au centre-ville et qui désiraient assister à nos rencontres hebdomadaires.

Le nombre de membres atteignit presque 400. La Société offrit des séances de méditation mensuelles, forma des sous-groupes thématiques, organisa deux retraites et publia deux bulletins. Les membres nous rapportèrent que ces rencontres avaient de profondes répercussions sur leur vie professionnelle et personnelle. Nous nourrissions leurs âmes.

C'est aussi notre comité directeur qui eut l'idée d'organiser une conférence internationale pour explorer le lien entre les valeurs spirituelles et le développement durable. Après quelques hésitations, la Banque mondiale accepta d'être le commanditaire de notre conférence. Plus de 350 personnes originaires d'une vingtaine de pays s'entassèrent dans l'auditorium pour assister à l'événement. J'entendis des gens dire : « Je suis complètement renversé ! »

Pour le monde extérieur, il était difficile de croire que ce monument de conservatisme qu'est la Banque mondiale tenait une conférence sur les valeurs spirituelles et éthiques en rapport avec le développement. La véritable signification de cette conférence et de la Société d'éveil spirituel était la suivante : les employés de la Banque pouvaient dorénavant parler du rôle des valeurs spirituelles dans le développement et apporter leurs cœurs ainsi que leurs âmes au travail.

Richard BARRETT

À propos des auteurs

Jack Canfield

Jack Canfield est un des plus grands spécialistes américains du développement du potentiel humain et de l'efficacité personnelle. Conférencier dynamique et coloré, il est également un formateur très demandé pour son extraordinaire capacité d'instruire ses auditoires, de les inspirer et de les amener vers un niveau accru d'estime de soi et de rendement.

Auteur et narrateur de plusieurs audiocassettes et vidéocassettes, dont *Self-Esteem and Peak Performance, How to Build High Self-Esteem, Self-Esteem in the Classroom* et *Chicken Soup for the Soul – Live,* Jack participe régulièrement à des émissions de télévision comme *Good Morning America, 20/20* et *NBC Nightly News*. En outre, il est coauteur de plusieurs livres dont la série *Bouillon de poulet pour l'âme, Dare to Win* et *The Aladdin Factor* (avec Mark Victor Hansen), *100 Ways to Build Self-Concept in the Classroom* (avec Harold C. Wells) et *Heart at Work* (avec Jacqueline Miller).

Jack prononce régulièrement des conférences devant des associations professionnelles, des conseils scolaires, des organismes gouvernementaux, des Églises, des centres hospitaliers et des entreprises. Sa liste de clients comprend : American Dental Association, American Management Association, AT&T, Campbell Soup, Clairol, Domino's Pizza, GE, ITT, Hartford Insurance, Johnson & Johnson, Million Dollar Roundtable, NCR,

New England Telephone, Re/Max, Scott Paper, TRW et Virgin Records. Jack travaille également avec Income Builders International, un centre de formation pour entrepreneurs.

Tous les ans, Jack organise un programme de formation de huit jours qui s'adresse aux gens qui œuvrent dans le domaine de l'estime de soi et du rendement. Ce programme attire des éducateurs, des conseillers, des formateurs auprès des groupes de soutien aux parents, des formateurs en entreprise, des conférenciers professionnels, des ministres du culte ainsi que des gens désireux d'améliorer leurs talents d'orateur et d'animateur.

Mark Victor Hansen

Mark Victor Hansen est un conférencier professionnel qui, au cours des vingt dernières années, s'est adressé à plus de deux millions de personnes dans trente-deux pays. Ses conférences portent sur l'excellence et les stratégies dans le domaine de la vente, sur la prise en main et le développement personnel, ainsi que sur les moyens de tripler ses revenus tout en disposant de plus de temps libre.

Mark a consacré toute sa vie à une mission : déclencher des changements profonds et positifs dans la vie des gens. Tout au long de sa carrière, non seulement il a su inciter des centaines de milliers de gens à se bâtir un avenir meilleur et à donner un sens à leur vie, mais il les a aidés à vendre des milliards de dollars de produits et services.

Auteur prolifique, Mark a écrit de nombreux livres, dont *Future Diary*, *How to Achieve Total Prosperity* et

The Miracle of Tithing. Il est coauteur de *Dare to Win*, de la série *Bouillon de poulet pour l'âme* et *The Aladdin Factor* (en collaboration avec Jack Canfield), et de *The Master Motivator* (avec Joe Batten).

En plus d'écrire et de donner des conférences, Mark a réalisé une collection complète d'audiocassettes et de vidéocassettes sur la prise en main de soi qui ont permis aux gens de découvrir et d'utiliser toutes leurs ressources dans leur vie personnelle et professionnelle. Le message qu'il transmet a fait de lui une personnalité de la radio et de la télévision. On a notamment pu le voir sur les réseaux ABC, NBC, CBS, CNN, PBS et HBO. Mark a également fait la page couverture de nombreux magazines, dont *Success*, *Entrepreneur* et *Changes*.

C'est un grand homme au grand cœur et aux grandes idées, un modèle pour tous ceux et celles qui cherchent à s'améliorer.

Maida Rogerson

Native de l'île du Prince Édouard, au Canada, pays de *Anne aux pignons verts*, Maida Rogerson est actrice, chanteuse et écrivaine. Ses trente ans de carrière au théâtre et à la télévision l'ont amenée aux quatre coins de l'Amérique du Nord. Elle a joué dans des films et dans des émissions de télévision, notamment dans *Between Friends* avec Elizabeth Taylor et Carol Burnett ainsi que dans *Heartsounds* avec Mary Tyler Moore et James Garner. Elle a étudié l'opéra en Italie et a joué devant la reine Elizabeth II.

Maida aime explorer toutes les formes d'expression artistique. Elle adore la lecture, particulièrement les livres qui portent sur la diversité culturelle, et elle apprécie le folklore, la musique et la danse de tous les pays. Elle a visité l'Asie, le Moyen-Orient, l'Amérique du Sud et l'Europe. Partout où elle va, Maida recueille des histoires touchantes capables d'ouvrir le cœur aux richesses de l'existence et à la joie de vivre.

Établie aux États-Unis depuis 1990, Maida travaille en collaboration avec son mari, Martin Rutte, pour l'intégration des valeurs spirituelles en milieu de travail. Sa participation à leur entreprise, Livelihood, comprend la rédaction de conférences, la recherche et l'organisation d'ateliers sur le développement. À partir de son domicile à Santa Fe, au Nouveau-Mexique, elle poursuit sa carrière d'actrice et a écrit deux scénarios. Maida prépare actuellement deux livres sur le pouvoir de la reconnaissance et l'utilisation de l'ordre pour simplifier nos vies.

Le travail de Maida traduit son désir profond d'aider les gens à ouvrir leur cœur et à vivre la solidarité humaine. Elle croit que les histoires, qu'elles soient sous la forme de pièces de théâtre, de livres ou autres, ont la capacité d'émouvoir, d'inspirer et de transformer.

Martin Rutte

Martin Rutte est un conférencier et consultant d'envergure internationale. En tant que président de Livelihood, une firme de consultants en gestion située à Santa Fe, au Nouveau-Mexique, il explore le sens profond du travail et sa contribution à la société. Les services de consultation de sa firme sont axés sur la vision stratégique, la spiritualité au travail et le leadership créatif.

Martin a travaillé avec des organisations comme Southern California Edison, Sony Pictures Entertainment, Labatt Breweries, la Banque mondiale, Quad-Graphics, Virgin Records et London Life Insurance. Il a aidé ces entreprises à élargir leurs perspectives et à se positionner pour l'avenir. Martin a été le premier Canadien à s'adresser au Corporate Leadership and Ethics Forum de la Harvard Business School ; il y est d'ailleurs retourné pendant quatre années consécutives à titre de conférencier principal. Il a également donné deux allocutions à des séances conjointes des Chambres de commerce américaine et canadienne à Hong Kong.

Un des chefs de file dans le nouveau domaine de la spiritualité en milieu de travail, Martin se consacre à redonner au monde des affaires sa source naturelle de créativité, d'innovation et de compassion. Son travail de pionnier dans ce domaine a fait l'objet d'une émission télévisée spéciale intitulée « Creativity : Touching the Divine ». Il a aussi été le présentateur principal de la première conférence internationale sur la spiritualité au travail, qui a eu lieu à Mazatlan, au Mexique.

Des articles sur l'approche innovatrice de Martin ont paru dans le *Miami Herald*, le *Toronto Star*, le *South China Morning Post*, le *Personnel Journal* et le *St. Louis Post-Dispatch*. Martin travaille actuellement à un nouveau livre intitulé *Being in Business : The Renaissance of Spirit at Work*.

Martin est membre du comité consultatif de Money Concepts Canada. Il a siégé au conseil d'administration de Global Family et de The Hunger Project-Canada, sans compter qu'il a déjà été membre d'un comité de la Société canadienne du cancer. Il aime les voyages outre-mer et la création de réseaux avec d'autres entrepreneurs innovateurs.

Tim Clauss

Pédagogue, animateur et conseiller spirituel, Tim Clauss a aidé des milliers de personnes à mieux vivre leur vie et à connaître davantage de succès. C'est un consultant en connaissance intuitive très respecté pour son intégrité, sa perspicacité, sa sensibilité et son engagement envers les autres.

Professionnel de l'organisation depuis vingt ans, il a aidé bon nombre d'individus et d'entreprises à « mettre de l'ordre » dans leur environnement et à le rendre plus efficace. Parmi ses clients, on retrouve des corporations, des hôpitaux, des entrepreneurs et des organismes à but non lucratif. Il a également participé à la campagne électorale d'un candidat à la vice-présidence des États-Unis à titre de coordonnateur des opérations.

Tim est également écrivain. Vice-président et animateur de séminaires pour une firme de gestion de Chicago, Tim est le coauteur de *The Success Factor, Managing for Extraordinary Results* et *Completing to Move On*. Membre de Global Family, un organisme pour la paix à but non lucratif présent dans quarante pays, il est coauteur de *Social Creativity and Cooperation for the 1990s*. Il est également conseiller et éditeur du bulletin international de cet organisme.

Tim vit présentement dans le nord du Nouveau-Mexique où il est directeur général associé de Taos Massage & Wellness Center. En plus de son travail de consultant, il aime enseigner dans des centres de médecines alternatives. Le prochain livre de Tim portera sur l'importance de l'ordre et de la simplicité dans un rythme de vie effréné.

Autorisations

Nous aimerions remercier les éditeurs et tous ceux et celles qui nous ont donné l'autorisation de reproduire leurs textes. (Remarque : Les histoires de source anonyme, celles qui appartiennent au domaine public et celles écrites par Jack Canfield, Mark Victor Hansen, Maida Rogerson, Martin Rutte ou Tim Clauss ne figurent pas dans cette liste.)

Le gant de Jessie. Reproduit avec l'autorisation de Rick Phillips. © 1996 Rick Phillips.

La partition. Reproduit avec l'autorisation de Joanna Slan. © 1996 Joanna Slan.

Une journée de travail. Reproduit avec l'autorisation de Naomi Rhode. © 1996 Naomi Rhode.

J'ai entendu une petite voix. Reproduit avec l'autorisation de Anne Walton. © 1996 Anne Walton.

L'œuvre de toute une vie. Reproduit avec l'autorisation de Wyverne Flatt. © 1996 Wyverne Flatt.

Le présent de Noël. Reproduit avec l'autorisation de Rachel Dyer Montross. © 1996 Rachel Dyer Montross.

Pour l'amour de mon père. Reproduit avec l'autorisation de Rick Halvorsen. © 1996 Rick Halvorsen.

Une leçon de mon père. Reproduit avec l'autorisation de LaVonn Steiner. © 1996 LaVonn Steiner.

Du cœur à l'ouvrage. Reproduit avec l'autorisation de Sharon Drew Morgen. © 1996 Sharon Drew Morgen.

Le colis de Noël. Reproduit avec l'autorisation de Sally K. O'Brien. © 1996 Sally K. O'Brien.

Je n'arrive pas à y croire. Reproduit avec l'autorisation de Mary Ann Dockins. © 1996 Mary Ann Dockins.

Le laitier. Reproduit avec l'autorisation de Shirley Lord Bachelder. © 1992 Shirley Lord Bachelder. Publié dans le numéro de décembre 1992 de *Reader's Digest*.

Joan a rencontré le Père Noël. Reproduit avec l'autorisation de Angela Barnett. © 1996 Angela Barnett.

Les Anges de l'Arc. Reproduit avec l'autorisation de Jonathan Wygant. © 1996 Jonathan Wygant.

Un mot d'encouragement. Reproduit avec l'autorisation de Scott Adams. © 1995 Scott Adams.

Les gens d'abord. Extrait du livre *The Top 100 Compagnies to Work for in America*, Robert Levering, Milton Moskowitz et Michael Katz. Reproduit avec l'autorisation de Michael Katz. © 1993.

« *Merci de m'avoir crue* ». Reproduit avec l'autorisation de Judy Tatelbaum. © 1996 Judy Tatelbaum.

Une entrevue pas comme les autres. Reproduit avec l'autorisation de Mike Teeley. © 1996 Mike Teeley.

Nous ne sommes que des êtres humains. Reproduit avec l'autorisation de Robert R. Ball. © 1996 Robert R. Ball.

Le plus jeune policier de l'Arizona. Reproduit avec l'autorisation de Michael Cody. © 1996 Michael Cody.

Une richesse infinie. Reproduit avec l'autorisation de Christine Barnes. © 1996 Christine Barnes.

Histoire de baleine. Reproduit avec l'autorisation de Charles A. Coonradt. © 1996 Charles A. Coonradt.

Gérer avec cœur. Reproduit avec l'autorisation de Hyler Bracey. © 1996 Hyler Bracey.

Le « Prestigieux prix d'un sou ». Reproduit avec l'autorisation de Gary C. Hruska. © 1996 Gary C. Hruska.

Lill. Reproduit avec l'autorisation de James C. Kennedy. © 1996 James C. Kennedy.

L'album souvenir. Reproduit avec l'autorisation de Gina Maria Jerome. © 1996 Gina Maria Jerome.

Un entraîneur dans l'âme. Reproduit avec l'autorisation de Darrell J. Burnett. © 1996 Darrell J. Burnett.

Le service bancaire à son meilleur. Reproduit avec l'autorisation de Sharon Borjesson. © 1996 Sharon Borjesson.

La passion du travail. Reproduit avec l'autorisation de Glenn Van Ekeren. © 1996 Glenn Van Ekeren.

Un extra au menu. Reproduit avec l'autorisation de Barbara Glanz. ©1996 Barbara Glanz.

Le spécialiste. Reproduit avec l'autorisation de Art Turock. © 1996 Art Turock.

« *Reprenons tout de zéro* ». Reproduit avec l'autorisation de Richard Porter. © 1996 Richard Porter.

« *Ah, Bambini !* ». Extrait de *Random Acts of Kindness*, Éditeurs Conari Press. © 1993. Reproduit avec l'autorisation de Conari Press.

Le service à la clientèle n'est pas une affaire de Mickey Mouse. Reproduit avec l'autorisation de Valerie Oberle. © 1996 Valerie Oberle.

Un coup de main. Reproduit avec l'autorisation de Kenneth G. Davis, M.D. © 1996 Kenneth G. Davis, M.D.

Un exemple à suivre. Reproduit avec l'autorisation de Dennis J. McCauley. © 1996 Dennis J. McCauley.

Un véritable professionnel. Reproduit avec l'autorisation de Petey Parker. © 1996 Petey Parker.

Les mercredis matin avec Elvis. Reproduit avec l'autorisation de Joy Curci. © 1996 Joy Curci.

Comment garder ses clients... à tout prix. Reproduit avec l'autorisation de Jeff Slutsky. © 1996 Jeff Slutsky.

Un petit quelque chose de plus. Reproduit avec l'autorisation de Kenneth H. Blanchard. © 1996 Kenneth H. Blanchard.

Miss Lilly. Reproduit avec l'autorisation de Joyce Ayer Brown. © 1996 Joyce Ayer Brown.

Ma vocation. Reproduit avec l'autorisation de Margaret J. Giannini. © 1996 Margaret J. Giannini.

Un pur coup de chance. Reproduit avec l'autorisation de Linda Stafford. © 1996 Linda Stafford.

Un rêve qui refuse de mourir. Reproduit avec l'autorisation de Marilyn Johnson Kondwani. © 1996 Marilyn Johnson Kondwani.

Les biscuits de Debbie Fields. Reproduit avec l'autorisation de Celeste Fremon. © 1996 Celeste Fremon.

Prise de conscience. Reproduit avec l'autorisation de Jeff Hoye. © 1996 Jeff Hoye.

La négociation. Reproduit avec l'autorisation de Marty Raphael. © 1996 Marty Raphael.

Une mère d'emprunt. Reproduit avec l'autorisation de Nancy Noel Marra. © 1996 Nancy Noel Marra.

Un patient hors de l'ordinaire. Reproduit avec l'autorisation de G. Stillwagon. © 1996 G. Stillwagon.

La poursuite de l'excellence. Reproduit avec l'autorisation de Hanoch McCarty. © 1996 Hanoch McCarty.

« *Poussez-vous !* » Reproduit avec l'autorisation de Jeffrey Patnaude. © 1996 Jeffrey Patnaude.

Un sourire à partager. Reproduit avec l'autorisation de John et Ann Murphy. © 1996 John et Ann Murphy.

Vision poétique. Reproduit avec l'autorisation de John Lumsden. © 1996 John Lumsden.

Comment attirer l'attention. Reproduit avec l'autorisation de Ann E. Weeks. © 1996 Ann E. Weeks.

Tout est dans l'attitude. Reproduit avec l'autorisation de Francie Baltazar-Schwartz. © 1996 Francie Baltazar-Schwartz.

Un sauvetage mutuel. Reproduit avec l'autorisation de John Scherer. © 1996 John Scherer.

À l'assaut ! Extrait de *The Magic of Genuine Enthusiasm* de Mike Wickett, publié dans le numéro 62 de *Insight,* Nightingale-Conant's. Reproduit avec autorisation.

L'art de rester motivé. Reproduit avec l'autorisation de Mike Stewart. © 1996 Mike Stewart.

Le crédit plutôt que la charité. Reproduit avec l'autorisation de *Lapis Magazine*. © 1996 Mohammad Yunus.

La question. Reproduit avec l'autorisation de Bob Moore. © 1996 Bob Moore.

Le rêve américain de Tony Trivisonno. © 1991 Frederick C. Crawford. Reproduit avec l'autorisation de *Cleveland Enterprise* et de *Reader's Digest*. Numéro de mai 1992 de *Reader's Digest.*

Un bol de soupe. Reproduit avec l'autorisation du révérend Aaron Zerah. © 1996 Le révérend Aaron Zerah.

Une confiance aveugle. Reproduit avec l'autorisation de Steven B. Wiley. © 1996 Steven B. Wiley.

Billy. Reproduit avec l'autorisation de Jeff McMullen. © 1996 Jeff McMullen.

Le moment de vérité. Reproduit avec l'autorisation de Chris Cavert. © 1996 Chris Cavert.

Chaque individu compte. Reproduit avec l'autorisation de Susan Jeffers. © 1996 Susan Jeffers.

Une petite dose de courage. Reproduit avec l'autorisation de Sandra Crowe. © 1996 Sandra Crowe.

Oser. Reproduit avec l'autorisation de Jeff Hoye. © 1996 Jeff Hoye.

Un véritable leader. Reproduit avec l'autorisation de Martin L. Johnson. © 1996 Martin L. Johnson.

Le chef scout et le franc-tireur. Reproduit avec l'autorisation de John Scherer. ©1996 John Scherer.

Un auditoire captif. Reproduit avec l'autorisation de Career Press. © 1994 Neil Balter.

Le courage de ses convictions. Reproduit avec l'autorisation de Dennis Waitley et Fleming H. Revell, Co, une division de Baker Book House. Extrait de *The Double Win* de Dennis Waitley. © 1985 Dennis Waitley.

L'aveugle. Reproduit avec l'autorisation de Helice Bridges. © 1996 Helice Bridges.

Un professionnel hors de l'ordinaire. Reproduit avec l'autorisation de Kenneth L. Shipley. © 1996 Kenneth L. Shipley.

Maman a raison. Reproduit avec l'autorisation de Nicholas Economou. © 1996 Nicholas Economou.

Le moteur des entraîneurs. Reproduit avec l'autorisation de William T. Brooks. © 1996 William T. Brooks.

Tout un leadership. Reproduit avec l'autorisation de Michael Shandler. © 1996 Michael Shandler.

Que jaillisse ta lumière. Reproduit avec l'autorisation de Nido Qubein. © 1996 Nido Qubein.

Éveil spirituel à la Banque mondiale. Reproduit avec l'autorisation de Richard Barrett. © 1996 Richard Barrett.

Bien-être, des livres qui vous font du bien

Psychologie, santé, sexualité, vie familiale, diététique... : la collection Bien-être apporte des réponses pratiques et positives à chacun.

Psychologie

Thomas Armstrong
Sept façons d'être plus intelligent - n° 7105

Jean-Luc Aubert et Christiane Doubovy
Maman, j'ai peur – Mère anxieuse, enfant anxieux ? - n° 7182

Anne Bacus & Christian Romain
Libérez votre créativité ! - n° 7124
Murmures sur l'essentiel – Conseils de vie d'une mère à ses enfants - n° 7225

Simone Barbaras
La rupture pour vivre - n° 7185

Martine Barbault & Bernard Duboy
Choisir son prénom, choisir son destin - n° 7129

Deirdre Boyd
Les dépendances - n° 7196

Nathaniel Branden
Les six clés de la confiance en soi - n° 7091
Maître de ses choix, maître de sa vie - n° 7127

Sue Breton
La dépression - n° 7223

Jack Canfield et Mark Victor Hansen
Bouillon de poulet pour l'âme - n° 7155
Bouillon de poulet pour l'âme 2 - n° 7241
Bouillon de poulet pour l'âme de la femme *(avec J.R. Hawthorne et M. Shimoff)* - n° 7251
Bouillon de poulet pour l'âme au travail - n° 7259

Richard Carlson
Ne vous noyez pas dans un verre d'eau - n° 7183
Ne vous noyez pas dans un verre d'eau... en famille ! - n° 7219
Ne vous noyez pas dans un verre d'eau... en amour ! *(avec Kristine Carlson)* - n° 7243

Steven Carter & Julia Sokol
Ces hommes qui ont peur d'aimer - n° 7064

Chérie Carter-Scott
Dix règles pour réussir sa vie - n° 7211

Loly Clerc
Je dépense, donc je suis ! - n° 7107

Guy Corneau
N'y a-t-il pas d'amour heureux ? - n° 7157
La guérison du cœur - n° 7244

Lynne Crawford
La timidité - n° 7195

Christophe Fauré
Vivre le deuil au jour le jour - n° 7151

Daniel Goleman
L'intelligence émotionnelle - n° 7130
L'intelligence émotionnelle 2 - n° 7202

Nicole Gratton
L'art de rêver - n° 7172

John Gray
Les hommes viennent de Mars, les femmes viennent de Vénus - n° 7133
Une nouvelle vie pour Mars et Vénus - n° 7224
Mars et Vénus, les chemins de l'harmonie - n° 7233
Mars et Vénus, 365 jours d'amour - n° 7240

Marie Haddou
Savoir dire non - n° 7178
Avoir confiance en soi - n° 7245

James Hillman
Le code caché de votre destin - n° 7256

Evan Imber-Black
Le poids des secrets de famille - n° 7234

Sam Keen
Être un homme - n° 7109

Barbara Killinger
Accros du boulot - n° 7116

Jean-Claude Liaudet
Dolto expliquée aux parents - n° 7206

Dr Gérard Leleu
La Mâle Peur - n° 7026
Amour et calories - n° 7139
La fidélité et le couple - n° 7226
L'intimité et le couple - n° 7260

Christine Longaker
Trouver l'espoir face à la mort - n° 7179

Ursula Markham
Le deuil - n° 7230
Les traumatismes infantiles - n° 7231

Bernard Martino
Le bébé est une personne - n° 7094

Alan Loy McGinniss
Le pouvoir de l'optimisme - n° 7022

Pia Mellody
Vaincre la dépendance - n° 7013

Yannick Noah
Secrets, etc. - n° 7150

Robin Norwood
Ces femmes qui aiment trop – 1 - n° 7020
Ces femmes qui aiment trop – 2 - n° 7095

Armelle Oger
Et si l'on changeait de vie - n° 7258

Vera Peiffer
Soyez positifs ! - n° 7118

Xavier Pommereau
Quand l'adolescent va mal - n° 7147

Anthony Robbins
Pouvoir illimité - n° 7175

Henri Rubinstein
La dépression masquée - n° 7214

Jacques Salomé
Papa, maman, écoutez-moi vraiment - n° 7112
Apprivoiser la tendresse - n° 7134

Barbara Sher et Barbara Smith
Vous êtes doué et vous ne le savez pas - n° 7141

Elaine Sheehan
Anxiété, phobies et paniques - n° 7213

Deborah Tannen
Décidément, tu ne me comprends pas ! - n° 7083

Nita Tucker
Le grand amour pour la vie - n° 7099

Isabelle Yhuel
Mère et fille, l'amour réconcilié - n° 7161
Quand les femmes rompent - n° 7201

Rika Zaraï
Ces émotions qui guérissent - n° 7114

Santé

Joanna Bawa
Santé et ordinateur : le guide quotidien - n° 7207

Dr R. Aron-Brunetière
La beauté et les progrès de la médecine - n° 7006

Dr Martine Boëdec
L'homéopathie au quotidien - n° 7021

Dr Jacques Boulet
Se soigner par l'homéopathie - n° 7165

Julia Buckroyd
Anorexie et boulimie - n° 7191

Dr Jean-Pierre Cahané et Claire de Narbonne
Nourritures essentielles - n° 7168

Chantal Clergeaud
Un ventre plat pour la vie - n° 7136

Dr Julien Cohen-Solal
Comprendre et soigner son enfant – I - n° 7096
Comprendre et soigner son enfant – II - n° 7097

Bruno Comby
Tabac, libérez-vous ! - n° 7012

Dr Lionel Coudron
Stress, comment l'apprivoiser - n° 7027
Mieux vivre par le yoga - n° 7115

Dr J.G. Drevet & Dr C. Gallin-Martel
Bien vivre avec son dos - n° 7002

Dr David Elia
Comment rester jeune après 40 ans Version hommes - n° 7110
Comment rester jeune après 40 ans Version femmes - n° 7111
Le bonheur à 50 ans - n° 7184

Pierre Fluchaire
Bien dormir pour mieux vivre - n° 7005
Plus jamais fatigué ! - n° 7015

Dr Pierrick Hordé
Allergies, le nouveau fléau ? - n° 7248

Arthur Janov
Le corps se souvient - n° 7257

Chris Jarmey
Le shiatsu - n° 7242

Henri Loo & Henri Cuche
Je suis déprimé mais je me soigne - n° 7009

Dr E. Maury
La médecine par le vin - n° 7016

Maurice Mességué
C'est la nature qui a raison - n° 7028

Dr Sylvain Mimoun
Des maux pour le dire - n° 7135

Stewart Mitchell
Initiation au massage - n° 7119

Peter Mole
L'acupuncture - n° 7189

Lionelle Nugon-Baudon
Maisons toxiques - n° 7229

Pierre Pallardy
Les chemins du bien-être - n° 7001
La forme naturelle - n° 7007
Le droit au plaisir - n° 7063

Jean-Louis Pasteur
Toutes les vitamines pour vivre sans médicaments - n° 7081

Jean-Yves Pecollo
La sophrologie - n° 3314
La sophrologie au quotidien - n° 7101

Vicki Pitman
La phytothérapie - n° 7212

Dr Hubert Sacksick
Les hormones - n° 7205

Jon Sandifer
L'acupression - n° 7204

Debbie Shapiro
L'intelligence du corps - n° 7208

Sidra Shaukat
La beauté au naturel - n° 7222

Dr Bernie S. Siegel
Vivre la maladie - n° 7131

Rochelle Simmons
Le stress - n° 7190

Dr Nadia Volf
Vos mains sont votre premier médecin - n° 7103

Andrew Weil
Le corps médecin - n° 7210
Huit semaines pour retrouver une bonne santé - n° 7193

Diététique

Agnès Beaudemont-Dubus

La cuisine de la femme pressée - n° 7017

Marie Binet & Roseline Jadfard

Trois assiettes et un bébé - n° 7113

Dr Alain Bondil & Marion Kaplan

Votre alimentation - n° 7010
L'alimentation de la femme enceinte et de l'enfant - n° 7089
L'âge d'or de votre corps - n° 7108

André Burckel

Les bienfaits du régime crétois - n° 7247

Sonia Dubois

Maigrissons ensemble ! - n° 7120
Restons minces ensemble ! - n° 7187

Dr Pierre Dukan

Je ne sais pas maigrir - n° 7246

Annie Hubert

Pourquoi les Eskimos n'ont pas de cholestérol - n° 7125

Dr Catherine Kousmine

Sauvez votre corps ! - n° 7029

Marianne Leconte

Maigrir - Le nouveau bon sens - n° 7221

Colette Lefort

Maigrir à volonté - n° 7003

Michel Montignac

Je mange donc je maigris... et je reste mince ! - n° 7030
Recettes et menus Montignac - n° 7079
Comment maigrir en faisant des repas d'affaires - n° 7090
La méthode Montignac Spécial Femme - n° 7104
Mettez un turbo dans votre assiette - n° 7117
Je cuisine Montignac - n° 7121
Restez jeune en mangeant mieux - n° 7137
Recettes et menus Montignac (2) - n° 7164
Boire du vin pour rester en bonne santé - n° 7188

Lionelle Nugon-Baudon

Toxic-bouffe Le dico - n° 7216

Philippe Peltriaux et Monique Cabré

Maigrir avec la méthode Peltriaux - n° 7156

Nathalie Simon

Mangez beau, mangez forme - n° 7126

Thierry Souccar

La révolution des vitamines - n° 7138

Sexualité

Dr Éric Dietrich & Dr Patrice Cudicio

Harmonie et sexualité du couple - n° 7061

Régine Dumay

Comment bien faire l'amour à une femme - n° 7227
Comment bien faire l'amour à un homme - n° 7239

Céline Gérent

Savoir vivre sa sexualité - n° 7014

Françoise Goupil-Rousseau

Sexualité : réponses aux vraies questions des femmes - n° 7025

John Gray

Mars et Vénus sous la couette - n° 7194

Barbara Keesling

Comment faire l'amour toute la nuit - n° 7140
Le plaisir sexuel - n° 7170

Brigitte Lahaie

Les chemins du mieux-aimer - n° 7128

Dr Gérard Leleu

Le traité des caresses - n° 7004
Le traité du plaisir - n° 7093
Le traité du désir - n° 7176

Dagmar O'Connor

Comment faire l'amour à la même personne... pour le reste de votre vie - n° 7102

Jean Paccalin

Une pilule nommée désir - n° 7180

Vie familiale

Edwige Antier

J'aide mon enfant à se concentrer - n° 7232

L'enfant de l'Autre - n° 7250

Etty Buzyn

Papa, maman, laissez-moi le temps de rêver - n° 7132

Béatrice Cakiroglu

Les droits du couple - n° 7018

Roberta Cava

Réussir et être heureuse au travail - n° 7082

Françoise Civeyrel

Consommez bien. Dépensez mieux - n° 7098

Dr Julien Cohen-Solal

Être heureux à l'école ? - n° 7173

Les deux premières années de la vie - n° 7203

Carolyn et Philip A. Pape Cowan

1+1 = 3 - n° 7065

Brian A. Grosman avec Allan Reznik

Protégez votre emploi - n° 7085

Brigitte Hemmerlin

Maman Solo - n° 7100

Vicki Iovine

Grossesse, le guide des copines - n° 7176

Hélène de Leersnyder

Laissez-les faire des bêtises - n° 7106

Gerry Marino & Francine Fortier

La nouvelle famille - n° 7122

Anne-Marie Mouton

500 conseils pour réussir votre grossesse - n° 7023

Heather Noah

S'épanouir en attendant bébé - n° 7252

Jocelyne de Rotrou

La mémoire en pleine forme - n°7087

Nancy Samalin

Savoir l'entendre, savoir l'aimer - n° 7062

Conflits parents-enfants - n° 7198

Dr Marie Thirion

Les compétences du nouveau-né - n° 7123

Chantal de Truchis-Leneveu

L'éveil de votre enfant - n° 7146

Marie-France Vigor

Enfants : comment répondre à leurs questions ! - n° 7011

Cuisine

Paul Bocuse

Bocuse dans votre cuisine - n° 7145

Jean-Pierre Coffe

Comme à la maison (1) - n° 7148

Le marché - n° 7154

Au bonheur des fruits - n° 7163

Comme à la maison (2) - n° 7177

Christine Ferber

Mes confitures - n° 7162

Mes tartes sucrées et salées - n° 7186

Mes aigres-doux, terrines et pâtés - n° 7237

Nadira Hefied

130 recettes traditionnelles du Maghreb - n° 7174

Peta Mathias

Fêtes gourmandes - n° 720

Christian Parra
Mon cochon de la tête aux pieds - n° 7238

Marie Rouanet
Petit traité romanesque de cuisine - n° 7159

Denise Verhoye
Les recettes de Mamie - n° 7209

Loisirs

Sonia Dubois & Marielle Couësmes
La couture - n° 7144

Harmonies

Karen Christensen
La maison écologique - n° 7152

Karen Kingston
L'harmonie de la maison par le Feng Shui - n° 7158

Marjorie Harris
Un jardin pour l'âme - n° 7149

Jane Thurnell-Read
Les harmonies magnétiques - n° 7228

Jean Vernette
Les nouvelles thérapies - n° 7220

Richard Webster
Le Feng Shui au quotidien - n° 7254

Christine Wildwood
L'aromathérapie - n° 7192

Paul Wilson
Le principe du calme - n° 7249
Le grand livre du calme – La méthode - n° 7249

Nature

John Fisher
Comprendre et soigner son chien - n° 7160

Daniel Gélin
Le jardin facile - n° 7143

Louis Giordano
Aux jardiniers débutants 500 conseils et astuces - n° 7215

Jean-Marie Pelt
Des fruits - n° 7169
Des légumes - n° 7217

Roger Tabor
Comprendre son chat - n° 7153

Bien-être

7259

Composition Nord Compo
Achevé d'imprimer en Europe (France)
par Maury-Eurolivres à Manchecourt
le 11 octobre 2002.
Dépôt légal octobre 2002. ISBN 2-290-32163-X

Éditions J'ai lu
84, rue de Grenelle, 75007 Paris
Diffusion France et étranger : Flammarion